ESQUISSE

SUR

L'ILE DE SARDAIGNE

PAR

M. Charles-Edouard GUYS,

ANCIEN CONSUL DE FRANCE,

MEMBRE DE PLUSIEURS SOCIÉTÉS SAVANTES.

Un Poëte a dit :

Les grands ouvrages me font peur,
Loin d'en épuiser la matière, il faut n'en
prendre que la fleur

MARSEILLE

TYPOGRAPHIE-ROUX, RUE MONTGRAND, 12.

1862

ESQUISSE

SUR

L'ILE DE SARDAIGNE.

ESQUISSE

SUR

L'ILE DE SARDAIGNE

PAR

M. Charles-Edouard GUYS,

ANCIEN CONSUL DE FRANCE,

MEMBRE DE PLUSIEURS SOCIÉTÉS SAVANTES.

Un Poète a dit :

Les grands ouvrages me font peur,
Loin d'en épuiser la matière, il faut n'en
prendre que la fleur.

MARSEILLE
TYPOGRAPHIE-ROUX, RUE MONTGRAND, 12.

1862

PRÉFACE.

Des raisons politiques autant qu'économiques faisant rechercher les lieux propres à la culture du coton, rapprochés des grandes fabrications de ce lainage en Europe , nous avons pensé de nous servir des notes que nous avons recueillies sur la Sardaigne pour signaler cette île comme pays de production et qu'on peut étendre dans ses vastes bassins, sous un soleil propice et des eaux abondantes.

La Sardaigne se trouvant depuis bien des siècles dans l'oubli, nous en donnons une description qui, quoique succincte, pourra être assez explicite pour faire connaître sa position avantageuse, ses phases et ses ressources.

Son malheur a été l'insalubrité de l'air; mais cette cause n'est point un effet de la localité ; elle provient des marais qu'on a laissé s'y établir.

De là presque abandon de l'exploitation de ses riches miniaires et réduction dans ses produits agricoles. On peut dire que la Sardaigne n'a conservé d'actif que ses pêcheries qui pourraient être plus étendues si l'on donnait plus de soin à cette partie, qui, en procurant des avantages aux habitants des côtes, forme des marins.

Nous avons traité l'objet des marécages comme le point principal ; ce que d'autres ont fait certainement avant nous. Il s'agit de les dessécher et la salubrité renaitra dans l'ile. Comme on l'adit, le gouvernement de Turin s'est trouvé arrêté par les frais considérables que l'opération demande, tandis que les revenus de l'ile sont minimes. Mais on aurait pu en appliquer tous les ans une partie et on serait parvenu à un entier desséchement ; les terres inondées auraient été rendues à l'agriculture et la santé de l'homme assez rétablie, pour qu'il pût travailler. Tandis qu'aujourd'hui on ne voit dans l'intérieur que des figures blêmes portant le type de l'élément délétère qui affecte surtout les habitants des plaines.

Dans notre ouvrage, nous engageons des compagnies à exploiter la Sardaigne. On reculera devant l'intempérie de l'air; mais pour la culture du coton on peut se servir déjà des bassins les moins exposés; d'ailleurs, c'est le moment où le gouvernement devrait leur venir en aide, puisqu'il a plus de ressources aujourd'hui et que la Chambre des Députés de Turin lui a recommandé de s'occuper de la Sardaigne.

Quant aux mines se trouvant dans les montagnes, elles sont moins exposées au mauvais air. Dans ces mines nous signalons celle de charbon de pierre. Celle-ci serait avantageuse pour la navigation à vapeur. Nous croyons qu'on pourrait trouver d'autres mines semblables dans l'île, car on a remarqué dans ses montagnes des indices qu'elle a eu des volcans. On ne s'est jamais occupé de la Flore de l'île et c'est encore une recherche à faire. Six mois de l'année sont bons pour voyager dans l'intérieur, et un botaniste pourrait nous faire connaître les produits superficiels des Monts, utiles sous divers rapports.

Des auteurs on dit que la Sardaigne était encore une terre vierge. Il est certain que depuis
le temps des Grecs on s'en est guère occupée
et que les Sardes sont retombés dans l'état
des premiers temps du Monde. Mais on pourra
encore les civiliser et rendre l'air pur dans toute
la Sardaigne, — quand on le voudra, et nous
exprimons nos vœux, à cet égard, par principe
d'humanité.

ESQUISSE
SUR L'ILE DE SARDAIGNE.

1re PARTIE.

HISTORIQUE.

Aujourd'hui qu'on élève la voix en faveur des peuples pour les civiliser et pour bien les constituer, nous avons cru devoir entrer en matière sur le triste état de la population de la Sardaigne, avant d'aborder les autres questions relatives à cette ile.

Si ce peuple, pour avoir été civilisé par les Grecs, est retombé par la suite dans l'abrutissement, cela tient à ses vicissitudes. Les auteurs disent que la Sardaigne avait fleuri dans l'ancien temps, et était devenue l'ornement de la Méditerranée Occidentale.

Cette ile, par sa position géographique, méritait bien avec ses riches produits minéraires et superficiels d'avoir acquis alors une certaine prépondérance dans la Méditerranée. La nature l'avait bien placée et bien dotée. En outre des avantages terrestres qu'elle possédait, ses côtes offraient de vastes ports pour son commerce et les abords de toutes les espèces de poissons lui procuraient des pêches merveilleuses.

Si nous en parlons, c'est que nous y avons fait un séjour de 8 ans et avons eu occasion ensuite d'y reparaître pour mieux l'étudier. La Sardaigne n'est point visitée par les voyageurs. S'il en vient quelques uns, car elle figure

assez sur la carte, c'est pour s'arrêter à Cagliary, chef-lieu
de l'Ile. Là , ils sont découragés d'aller dans l'intérieur à
cause de la méchanceté des habitants et pouvant éprouver l'intemperie, qui est la peste du pays. Mais cette
maladie, qui provient des vapeurs délétérés émanées par
les marais de l'intérieur, n'est dangereuse qu'en été et
en automne; on peut dans les autres temps de l'année
parcourir toute la Sardaigne; quand au brigandage il
existe toute l'année. On peut se faire escorter, mais dès
que les frimats ont commencé il n'est guère agréable
pour un touriste de dormir souvent à la belle étoile.

Le remède pour faire cesser l'intempérie serait de
faire désshecher les lieux de marécages dans l'intérieur,
car ils produisent les émanations les plus pestilentielles
pour la santé de l'homme. Le gouvernement de Turin
n'y a jamais pensé, ou du moins a reculé devant les frais
considérables que demande l'opération et lorsque les
revenus de l'Etat étaient minimes , de sorte que tout est
demeuré dans le statu quo et l'Ile n'a fait que dépérir,
car si l'intempérie attaque les étrangers elle ne fait pas
moins de ravages parmi les indigènes, ce qui arrête les
travaux et a fait perdre à cette belle ile , sa population et
sa prospérité.

En s'occupant du sol on s'occuperait aussi des hommes
et ceux-ci n'ayant plus à combattre l'intemperie devien-
draient plus humains. Rebutés du travail, ils ne voient
pour obtenir des moyens d'existence que le brigandage.

Il est certain que si le Gouvernement avait apporté la
moindre attention sur l'Ile, elle serait en meilleur état.

Quand le Roi de Sardaigne dut se refugier dans l'Ile, il
pût voir par ses yeux qu'il s'agissait d'un pays devenu

sauvage et infecte; mais il se trouvait sans troupes et sans argent, pour remédier à cet état de choses. De retour dans le Piémont quoiqu'ayant obtenu le Duché de Gènes, la même politique subsista pour la Sardaigne dans le ministère. Mazzini lui en a fait des reproches et en dernier lieu la chambre des députés a demandé qu'on fit quelqu'attention à cette Ile.

Par l'histoire ancienne on voit qu'elle était très peuplée et aujourd'hui on n'y compte qu'environ 450,000 âmes, le manque de bras a tout paralysé et dans les tableaux que nous avons sous les yeux nous voyons :

Commerce d'exportation . . . . . F.	10,000,000
Idem d'importation	6,000,000
Reste net	4,000,000
Revenu du Roi	4,500,000
Dépense	1,500,000
Reste net	3,000,000

Il est certain qu'avec ce faible revenu, le gouvernement de Turin ne pouvait faire grand chose pour la Sardaigne: mais les circonstances ont changé et dès lors il ne peut plus reculer, surtout après la recommandation du parlement.

En attendant, nous invitons les compagnies qui se sont organisées pour faire planter du coton dans le midi de l'Italie, de jeter aussi leurs vues sur la Sardaigne qui en produit afin d'y étendre cette culture.

Nous reviendrons sur ce point en parlant des produits de l'Ile.

Nous avons appelé l'attention sur les campagnards de la Sardaigne, afin de les rendre Européens, et ce sujet ne peut être oublié, car il est nécessaire de les civiliser pour qu'ils deviennent humains et s'appliquent au travail, de quoi ils se soucient peu.

Qu'on juge de leur allure pour se faire une idée de leur caractère et on verra qu'il se rattache au temps de barbarie. Leur vêtement consiste en peaux avec poils qu'ils retournent suivant la saison, la veste n'a point de manches; elle est arrêtée par une ceinture qui retient un poignard. Pardessus tout un manteau aussi en peau poilleuse, ce que Cicéron a appelé un manteau royal. —Une calotte couvre la tête et la chaussure égale le reste de leur accoutrement. Ils marchent toujours le fusil sur le dos. S'il s'en servaient seulement comme arme défensive, il n'y aurait rien à dire; mais c'est leur arme de vendeta et pour tuer l'homme qu'ils veulent dépouiller.

Les femmes sont partout coquètes et les montagnardes Sardes n'ont pas voulu y déroger. Elles portent, il est vrai, sur elles, des étoffes grossières, mais ces étoffes sont de couleurs éclatantes et des bijoux suivant leur fortune. L'orateur romain a aussi plaisanté sur elles, en disant qu'elles se montraient comme des Reines.

La nourriture des campagnards est grossière, car ils ne mangent que du pain d'orge et de la bouillie; ce qui les restaurent, c'est la bouteille et c'est ce qui leur échaufe l'esprit. Le bétail, la volaille et la chasse ne leur manque pas, mais ils préfèrent aller vendre tous ces objets, car ils aiment beaucoup l'argent.

Le Clergé doit avoir de la fatigue avec des hommes

de cette espèce. Ils les voient bien fervents pour la religion catholique qu'ils professent tous, car dans les Eglises où ils se rassemblent, ils se donnentdes coups de poings sur leur poitrine, à faire trembler les voûtes de ces Temples divins; mais hors de là ce ne sont plus les mêmes hommes. Abandonnés depuis des siècles à agir suivant leur caprice, ils se sont tournés au mal.

Il faut au pays un Gouvernement juste et ferme. Nous ne savons les forces que l'Espagne y entretenait, mais le Piémont n'y avait que 2,000 hommes de troupe et quelques artilleurs. Les autorités avaient des moyens trop faibles pour contenir la campagne afin d'empêcher les vols et les assassinats qui s'y commettent.

Les habitants des villes ont toujours déploré la conduite de leurs confrères montagnards et nous les avons vus partout sociaux. Par la rareté des collèges et des écoles beaucoup vont faire leurs études en Italie et même en France. Nous avons trouvé à Cagliary des personnes très instruites. Il y en a qui se sont occupées du pays. Nous citerons Farra, le R. P. Cetti, le chevalier Cossu et l'historien le plus distingué Azuni. (1) nous avons connu particulièrement le R. P. Hintz, homme savant dans les langues orientales. Il a traduit du texte hébreux en italien, le pseaume LXVII *Exurgat Deus* et y a joint des commentaires érudits. Ce travail fut couronné par l'Académie de Turin; au frontispice de son œuvre se trouve représenté un médaillon en argent trouvé, dit-il, en Sardaigne. D'un côté l'on voit l'effigie de Jésus-Christ avec ces mots en hébreux dans le champ: *Dominus Jesus*; et de l'autre côté une légende

(1) On nous a parlé des voyageurs Mimant et Albert de la Marmora; mais nous n'avons pas connu leurs ouvrages.

également en hébreux qu'il explique par ces mots : *Messius Rex venit in pace et lux sius de homine facta est vità*.

Reste à savoir si ce médaillon a été frappé en Sardaigne ou ailleurs; mais le P. Hintz le considère toujours pour être des premiers temps de l'Eglise. Comme il y a un anneau en haut il a dû être porté comme un talisman.

Cette médaille nous fait parler de celle en bronze, qui porte dans le champ le nom de *sardus rex* et au revers *Balbus prætor*. Celle-ci est Romaine, mais on ne sait aussi où elle a été frappée.

Les auteurs sardes font valoir les produits de leur Ile; ils étaient bien plus considérables dans l'antiquité, puisque les auteurs anciens nous disent:

> C'est la nourrice de Rome,
> La favorite de Cérés,
> La Mère des troupeaux.

Nous déroulerons ensuite les époques de sa prospérité en parlant de son état actuel et des moyens pour réparer les maux qu'elle éprouve et qui ne sont pas irréparables Dieu merci !

Productions territoriales.

Blé, Orge, Maïs, Légumes, Huile, Vin, Tabac, Coton, Lin, Chanvre, Soie, Cire, Miel, Sel, Plomb, Argent, Arquifoux, Litharge, Orseille, Soude, Corail, Galène, Marbre, Fromage (de deux espèces,) Laine, Peaux, Cuirs, Chevaux, Porcs, Bœufs, Moutons, Chèvres, Volaille, Viande salée, de Porc et de Bœuf, Poisson salé, Fruits secs, Pommes, Oranges, etc.

L'exportation de tous ces articles est permise excepté
pour le Blé, dont il doit y avoir une réserve pour le service de l'année courante et pour l'année suivante. Le dé-
pôt pour l'année qui suit est fait dans les magasins de
l'Etat et livré au commerce quand on le remplace par du
Blé nouveau. La sortie du bois est totalement défendue,
pour la conservation des forêts, mais cet objet entre dans
la contrebande, comme biens d'autres articles, ainsi que
nous aurons occasion de le dire, car le commerce clan-
destin entre beaucoup dans l'histoire de la Sardaigne.

Malgré la longue nomenclature des articles d'exportation, nous avons signalé le chiffre du produit que cela
donne à l'Ile et il n'est pas très considérable, parce que
toutes les branches d'exportation se ressentent de l'état
d'abandon où elle se trouve par la fainéantise des campagnards, mais provenant surtout de l'intemperie de l'air,
dans l'intérieur, qui paralyse leurs forces.

Pour ce qui est de l'importation, elle se ressent également du malaise des habitants de la campagne, lesquels
vivant, d'ailleurs, isolés ont peu de goûts pour les objets
étrangers. Il n'y a que les femmes qui portent des draps
grossiers et la bijouterie leur est fournie par les orfèvres
des villes.

La consommation des articles de l'extérieur n'est que
pour les villes et elles ne sont pas nombreuses. Il n'y en
a que trois principales: Cagliary, Oristan et Sassari. Les
autres sont du 2ᵉ et 3ᵉ ordre et leurs populations encore
un peu arriérées par leur peu de fréquentation avec les
peuples civilisés.

Voici la liste des articles qu'on importe:

Denrées Coloniales.

Draps fins et ordinaires, ceux-ci dans des couleurs vives, velours de soie et de coton, étoffes de soie de laine et de coton, cotonades, toilerie, papier, acier, fer, horlogerie, armes, cristaux, verrerie, porcelaine, fayence, miroiterie, articles du nord, vins fins, liqueurs, quincaillerie, parfumerie, meubles, objets de mode, esparts, libans, etc.

Quand on civilisera tous les Sardes, alors la consommation des marchandises extérieures deviendra plus considérable. Elle proviendra surtout du plus d'aisance du paysan, en le mettant à même de travailler les terres, ce qui aura lieu lorsqu'il n'aura plus besoin de s'occuper de sa santé et qu'on lui aura démontré les avantages de la vie heureuse qu'on lui présenta.

Nous avons mentionné dans l'exportation les chevaux, il y en a en Sardaigne de deux espèces que nous distinguons par 1re et 2e race; puis il y a les chevaux sauvages auxquels l'on fait la chasse pour s'emparer de leur peaux.

1re Race.

Les chevaux de cette race sont de petite taille, mais assez bien proportionnés. Seulement ils pèchent par la tête qui est pesante et par les jambes ayant la botte mole ; cette dernière défectuosité n'existe que dans les poulains élevés dans les plaines, parce qu'ils sont toujours couchés sur l'herbe, car ceux des montagnes l'ont fort dure et ce sont les plus recherchés.

En général , les chevaux de cette race sont robustes, pleins de feu, et gravissent les rochers comme les chèvres. Mais ils sont mal dressés et leur docilité naturelle ne sert qu'à leur faire contracter des défauts que les Sardes prènent pour desgentilesses.

En revanche ils ne deviennent pas poussifs et ne sont pas sujets aux maladies connues ailleurs, si ce n'est aux tranchées.

Le gouvernement de Turin a conservé le Haras établi par les Espagnols près d'Oristan. Dans un temps l'on fit venir des étalons normands et limousins, mais l'essai n'a pas bien réussi et la race sarde est encore pure.

Dans un ancien mémoire sur la Sardaigne, il est dit que la Cour de France fit faire, en 1768 et en 1786, des achats de chevaux de l'âge de 5 à 4 ans, dans les prix de 100 à 150 pistoles.

En dernier lieu c'est surtout l'Italie qui en fait des demandes et les prix ont considérablement augmenté.

2ᵐᵉ *Race*.

La seconde race comprend les chevaux dits *Achettes*. Ces chevaux sont infiniment petits, mais du même caractère que ceux de la première race. Ils sont propres à tous les services qui ne demandent pas la force des autres chevaux. Leur prix est relatif à leur espèce et varie suivant les qualités de l'animal.

Nourriture des deux races.

Les chevaux sardes ne consomment que peu ou point de fourrage ; on leur donne d'ordinaire de l'orge et de la paille hachée. La paille en Sardaigne est moelleuse comme le blé barbu connu dans la classe du millet sous le nom collectif de blé de mars. Les chevaux ne mangent du verd qu'au printemps et c'est alors qu'on leur permet de s'accoupler.

2

Chevaux et autres quadrupèdes sauvages.

Il y a dans les hautes montagnes de l'Ile beaucoup de chevaux sauvages. On leur fait la chasse comme aux autres bêtes fauves. — Dans toutes les montagnes l'on trouve des sangliers, bœufs, cerfs, chèvres , chevreuils, renards , lapins , licons et même la martre. Ce dernier quadrupède naturel des régions polaires est une singularité et ne se trouve que dans les montagnes de Tempio.

Il est à remarquer qu'en général les quadrupèdes de Sardaigne , sont petits , particulièrement les ânes qu'on peut regarder comme les nains de leur espèce.

Ces derniers animaux servent aux paysans pour le petit transport et pour moudre leurs grains , car nous n'avons point vu de moulins à vent et qu'on se sert d'ânes pour cet usage.

Nous n'avons pas vu non plus de mulets dans l'Ile. Pourtant ils seraient plus propres que d'autres animaux pour les charrettes et charriots. Les Espagnols ne voulurent jamais permettre l'introduction de mulets et nous désirons qu'on ait changé de système.

On trouve dans l'Ile des moutons à quatre cornes dont deux torses; on y voit aussi des moufflons que M. de Buffon considère comme la tige de l'espèce.

Pour ce qui est volaille il y en a de toute espèce et les poules en général font de gros œufs.

Les animaux ne se sont pas ressenti du mauvais air qu'on y respire et qui n'atteint que les hommes. Le malheur n'est pas général heureusement, aussi tous les animaux se portent bien sauf leurs maladies naturelles et excepté lors des épizoties nous n'avons pas trop constaté

de mortalité dans cette Ile. Les bestiaux et volailles cons-
tituent aujourd'hui la véritable richesse du pays. L'abondance des laines a fait établir des fabriques pour couver-
tures et autres besoins, et la Sardaigne sait se suffire
pour ces objets.

Nous aurons à parler dans la suite de ses autres fabriques, le développement n'est pas considérable, enfin
on a commencé à reconnaitre qu'il faut se donner les
moyens avec les matières premières de se passer de l'é-
tranger, et que la Sardaigne peut non seulement suffire
à ses besoins, mais aussi venir au secours de ses voisins. L'émulation s'y montre et dans tous nos voyages
nous voyions toujours avec plaisir des innovations avantageuses au pays, non que le gouvernement s'en mêle,
mais l'esprit public sait prendre son essor et surmonter
tous les obstacles qu'il rencontre.

Ce que nous disons c'est pour les villes de la côte, car
l'intérieur est demeuré dans le *statu quo*. L'avenir peut
changer toutes choses et il ne faut jamais désespérer dans
des améliorations avantageuses pour le peuple et pour le
gouvernement lui-même.

Nous devons donner des explications sur quelques
autres articles et nous commencerons par l'Orseille.

L'Orseille est une mousse précieuse propre à la tein-
ture. Elle porte différentes dénominations. On la retrouve
aux îles Canaries et en Candie. Cette plante fut découverte du temps des Espagnols dans les montagnes de
Sardaigne par des Génois, qui avaient reconnu sa simi-
litude avec celles qu'ils allaient chercher aux îles Canaries. Ils se l'approprièrent; mais les Sardes jaloux de les
voir profiter des avantages qu'offrait ce produit chassèrent

les détenteurs. C'est vers cette époque qu'on découvrit aussi une mousse qui croît sur le chêne vert, semblable extérieurement à l'autre, mais n'ayant pas la même vertu ; la fraude s'établit par le mélange des deux espèces, ce qui porta tort à la vente de l'Orseille. Les Sardes alors n'ont plus fait de mélange et l'Orseille est encore un objet d'exportation.

La Soude, ou *Salitor*, est une plante bien connue. En outre de ses propriétés médicinales, elle entre dans la fabrication du savon, mais depuis qu'on fait de la soude factice la véritable n'est plus autant recherchée. Le fabricant de savon y trouve une économie, mais le linge en souffre. La plante est commune et vient dans les champs comme les autres herbes parasites. L'Ortie s'y mêle et croit avec la même force et la même abondance. Celle-ci ayant un duvet on se mit à le ramasser. On le fit filer et puis on en fit des gants très souples imitant la soie. Nous ne savons si la fabrication a été continuée. Dans la campagne, en hiver on fait bouillir la plante, et dès qu'elle est refroidie on la donne à la volaille qui la mange avec plaisir. Les paysans disent que cette nourriture dans cette saison excite les poules à faire des œufs.

Les champs renferment d'autres espèces de plantes qu'il faut être naturaliste pour reconnaître les vertus qu'elles peuvent avoir. C'est surtout sur les montagnes de Sardaigne, presque inconnues que les recherches en ce genre seraient curieuses et utiles.

Nous n'avons pas d'explications à donner sur une infinité de produits dont nous avons parlé, tels que les céréales, huiles et vin. Seulement nous devons ajouter que tout vient à merveille dans l'Ile. Ses oliviers sont d'une grosseur énorme. Avec l'immense quantité de mûriers blancs qu'on y voit, il est étonnant qu'on y élève peu de vers à soie.

Le tabac, qu'on y récolte égale celui de Séville. On le cultive dans le nord de l'Ile et même aux environs de Sassari. Il en existe deux espèces : celle dite *Punta manacos* et celle dite *Zinzilio*. La première espèce vaut le double de la seconde. On fabrique en Sardaigne du tabac rapé et du tabac en poudre. Celui-ci est le plus usité.

Le gouvernement a fait différents traités avec les planteurs leur laissant une partie de la récolte pour l'exportation.

Le terrain est trop ardent dans le midi de la Sardaigne pour que le tabac put s'y dévoloper et on l'a reservé pour d'autres cultures.

Coton, il est temps que nous en parlions puisqu'il est aujourd'hui beaucoup question de lui et que nous nous sommes chargé de démontrer que la Sardaigne est aussi un lieu propre pour cette culture en grand, pour l'approvisionnement des fabriques de ce lainage sur le continent.

Ces fut vers la fin du xvii° siècle que M. Anglès fit des plantations de graines de coton dans l'ile de St-Antioche et aux environs de Cagliary. Ses essais réussirent parfaitement. Il employa également la graine de coton de Malte avec non moins de succès. Voyant ses plantations prospérer il établit des fabriques de filature et de toiles sur les iles de St-Antioche et de Sardaigne. Mais on se borna un temps aux besoins des fabriques sans en étendre la culture qui ne fut depuis pas très considérable.

Le continent allait se pourvoir en Turquie. C'était un commerce avantageux pour l'Europe occidentale, car elle donnait des objets manufacturés et autres de ses produits, ainsi que des denrées coloniales, contre une matière première qu'on recevait à bon marché et sans débourser de l'argent.

Mais la Turquie se trouvait souvent en état d'oscillation et alors on fut se pourvoir de coton dans les Indes et dans les Etats-Unis d'Amérique. On se borna à tirer de Turquie et d'Egypte les cotons de premières qualités, soieux et à longs fils.

En Turquie quand le coton de seconde qualité ne fut plus demandé, on réduisit la plantation et le Felah nous en témoigna sa douleur lorsque nous y étions.

Les cotons d'Amérique avaient considérablement pris de la vogue en Europe par leur bon marché, mais sous le rapport des qualités, toutes celles du Levant avaient le dessus, surtout sur celles des Indes Orientales, mais l'Angleterre trouvait plus convenable de faire valoir ses colonies et de traiter avec les Américains.

Le premier arrêt dans l'envoi des cotons de l'Inde fut occasionné par l'insurrection de l'Indoustan, et le second arrêt par la scission qui eut lieu dans les Etats-Unis d'Amérique.

Cette dernière commotion peut durer, si l'autre est à peu près éteinte ; mais même quand le canal de Suez sera ouvert, il faut calculer pour l'Inde toujours sur une distance considérable et les frais en rapport. Pourquoi ne pas se procurer des Cotons à portée, au lieu d'aller les chercher dans le lointain?

L'avantage se trouvera dans la promptitude des réceptions et dans un fret reduit.

On peut bien encore recourir aux cotons de la Turquie

mais ce pays n'étant pas encore bien pacifié , il ne pourrait nous offrir tous ses champs ; d'ailleurs par la grande consommation qui se fait aujourd'hui en Europe de ce lainage , il est bon d'en étendre la culture dans tous les lieux qui lui sont propres dans le bassin de la Méditerranée occidentale. Nous ne savons si sur ce dernier point on a compris la Sardaigne.

L'intemperie qui règne dans cette île peut avoir rebuté les entrepreneurs. Mais il ne s'agit pas d'un effet local et irremédiable , il s'agit seulement qu'on veuille en détruire la cause : d'ailleurs, il y a bien des localités où l'on peut planter du coton et M. Anglès sut les trouver lorsqu'il s'occupa de donner ce produit à la Sardaigne , qui lui en doit de la reconnaissance.

Ce planteur s'était borné aux points les plus méridionaux de l'île. Depuis lui les plantations dans l'intérieur ont eu lieu et ont réussi. Il faut revenir, toutefois, à dire que le développement par toutes les industries est arrêté, par les raisons que nous avons déduites.

Les compagnies qui se formeront pour des exploitations en Sardaigne , doivent insister auprès du gouvernement de Turin pour qu'on s'occupe immédiatement du dessèchement des marais. Nous avons remarqué que le coton sarde est d'une bonne espèce. Nous pensons qu'on en aura fait venir les graines de Turquie. Nous en avons vu dans les qualités fines, une égale à celle de St-Jean-d'Acre.

Parmi les autres introductions utiles opérées en Sardaigne , il faut compter la canne à sucre et le caféier. Les essais eurent lieu dans le territoire de Frumini. On continua la culture de la canne à sucre , mais non celle du caféier qui ne donnait que de petits grains.

En 1792 eut lieu la première plantation d'indigo dans le terroir d'Alghier. Les résultats en ayant été satisfaisants, cette culture s'est propagée et on en expédie à l'étranger.

Le Nopal (cactus) abonde dans l'Ile et nous ne savons pourquoi on n'essaie pas de lui faire produire de la cochenille.

Le mûrier y abonde également et on y élève peu de vers-à-soie.

Nous venons à l'article de minières presque en abandon en Sardaigne, comme bien d'autres choses. Nous nous servons de l'analyse que le comte Balbe a faite de l'ouvrage de M. Belly, savant minéralogiste, sur les mines de l'Ile.

On tirait de l'or des montagnes de la Gallura, qui sont les plus élevées de l'Ile. On y en trouve guère actuellement, ni dans le Logudoro, où l'on a fait des recherches sur l'indice du nom.

L'argent se trouve dans les montagnes entre Pula et St-Roch, partout le plomb domine considérablement.

Puis, l'on voit des mines encombrées, entre autres celle de Gambara.

Les mines de Gaspini et d'Arbus sont maintenant les plus importantes.

M. Belly a pratiqué des galeries sur les travaux de Safraigo et de Monte-Vecchio; mais les produits ne sont pas en rapport avec les frais. Il faut en dire autant des minières de Gonos Faradigo; mais les scories prouvent que cette dernière mine produisait beaucoup dans l'ancien temps. On peut en dire autant des fonderies que l'on voit à Laconi et à St-Lussargio.

Sur la montagne de l'Acqua Cotta, le filon est de plomb, contenant 1/2 once d'argent par quintal, mais l'intempérie de l'air et le manque d'eau éloignèrent les mineurs. M. Bulba a proposé de porter l'établissement dans la vallée de Gonos Fonadiga, où l'air est bon et les eaux sont abondantes.

Dans la Nurra, près du port St. Nicolas, à l'Argentièra, existent deux excavations anciennes, une encombrée et l'autre ouverte. Celle-ci produit 3 1|2 onces d'argent par quintal.

La minière d'argent la plus riche de la Sardaigne est celle de Talana ; elle a enrichi plusieurs familles nobles qui l'avaient affermée. Elle donnait plus de 100 marcs. d'argent par quintal.

Après viennent les mines de Sarabus et de Villasidra. M. Belly trouva dans cette dernière mine de l'argent natif capillaire. Cette trouvaille engagea une compagnie à l'exploiter. Mais après avoir rencontré le filon vers le couchant ce fut en vain qu'on continua les travaux. On croit que le filon se jette dans la profondeur. Le produit en était de 15 marcs (1).

Venons au cuivre. On cite les minières de Novi et de Monterobbio. Celle-ci était très abondante, mais le filon s'en est perdu.

Le fer se trouve au cap Taulada; sur le Monte Santo; à l'Ile de St. Pierre; au fond de la d'Orida; sur la montagne dite Montefero; au Mont Corno de Boi; enfin, près du village d'Arsena, non loin de Cagliary.

(1) Farra rapporte, dans son ouvrage sur la Sardaigne, qu'en juillet 1183, Thomas Spinola, qui commandait les Galères de Gênes, captura celles des Pisans et trouva à leur bord, 28,000 marcs d'argent provenant de l'Ile et qui servirent à la construction du port de Gênes.

Pour les mines principales de plomb, il en a déjà été parlé en citant celles d'argent.

L'Ile de St. Antioche a passé anciennement pour être très abondante en ce métal.

Il faut citer les minières de Sega la Galanza près le golfe de Palma. Iglesias est entourée de mines exploitées par les anciens. Le Montigedo qu'on voit en sortant de cette ville, est tout parsemé de puits. La montagne opposée à cette cité, présente les mêmes vestiges, c'est-à-dire du plomb à petits grains. A 3 heures de chemin est le mont Matopa, où l'on voit aussi des excavations et nombre de puits. Là, existe un canal qui portait l'eau pour faire agir les machines. Sur le Mont St. Esprit, qui sépare Iglesias de Flumini-Major, à 3 heures de la ville, on trouve deux filons de plomb.

Il y a aussi plusieurs puits sur les montagnes qui forment la vallée du St. Esprit.

Le long du ruisseau de la Canonica près d'Iglesias, on construisit en 1730, une fonderie.

On retrouve des puits à Monte Arena. Entre Maravera et la mine Argentifère de Sarabus, il y a deux autres filons de plomb.

On a trouvé à Oristan dans une couche d'argile, du mercure coulant.

Près de Balland on a trouvé une mine d'antimoine.

Les autres minières ou carrières de la Sardaigne sont les quartz, agathes, cristal de roche, granit, cornaline, sardoine (1), terre-à-foulon, porphyre, jaspes, pierres étoilées, turquoises, alun, etc.

(1) C'est le nom de l'île qui lui fut donné par les Romains.

(Azuni).

Venons aux sels. On n'y connait que le sel marin. Il y a des salines considérables dans la baie de Cagliary, dans le golfe de Palma, aux îles de St. Pierre et de St. Antioche: voilà pour le midi ; dans le nord de l'Ile, à Sassari et à Oristan, dans la partie de l'ouest, et à Terranova dans la partie de l'Est. Mais ce sel marin n'a pas été jugé propre à la salaison du poisson et on en importe de la Sicile pour cet objet. On a remarqué que les Siciliens broyaient mieux leur sel que les sardes, et que c'était peut-être la raison que le sel Sarde n'avait pas la vertu de bien saler le poisson. Peut-être a-t-on fait mieux piler le sel sarde, pour ne pas avoir besoin de recourir à un sel étranger.

Dans l'Ile on fabrique beaucoup de nitre, avec lequel on fait du salpêtre, objet d'exportation.

Il y a à Issili une fabrique considérable de poudre à feu et une autre à Cagliary.

Près de Berdigliana, dans la Barbagia (1) de Scovi, il y a la mine de charbon de pierre dont nous avons déjà parlé. D'après les besoins de la navigation à vapeur ce serait bien le cas d'exploiter cette mine.

C'est sur les productions volcaniques que sont fondés plusieurs villages et surtout ceux considérables de Marboglia, Melis, Panlitare et Gallarza. La pierre ponce est commune en Sardaigne, ce qui prouve que celle-ci a été parsemée de volcans, mais tellement éteints aujourd'hui, qu'il est rare d'y être secoués par des tremblements de terre.

Il existe, pourtant, des eaux minérales, dont les anciens

---

(1) Barbagia est le nom de deux districts en Sardaigne, et en plaisantant on en fait celui générique de l'île, pour traiter tous les Sardes de barbarucins.

faisaient beaucoup d'usage. Celles de Sardara et de Fou-
dongiano étaient les plus renommées. Mais comme il n'y
a point d'habitations commodes, on n'y va guère. Les
médecins les recommandent, toutefois, à leurs malades.

On connait deux autres fontaines d'eau chaude, au cap
Cagliary, l'une à Villasidra et l'autre à Stumini-Major. On
en a découvert une autre dans l'Ile St Antioche. Au cap
Sassari, il y a deux sources d'eaux minérales : l'une à
Benetutti et l'autre à Cargiegna

Pêcheries Cotières.

—

Corail.

1° à Castel-Sardo.

2° à Bosa.

3° à Alghier.

4° à St-Pierre.

5° à St-Antioche.

Thon.

1° Ile Asinara.

2° Salines de Sassari.

3° Frumendorgia.

4° Porto-Paglia.

5° Capo-Scuco.

6° Cala Vinagro.

7° Isola Piana.

8° Pula.

Il s'agit des 8 grandes madragues, nous ne disons
pas petites.

La pêche des Sardines est aussi considérable.

Pour revenir aux montagnes de la Sardaigne, en

outre des mines qu'elles renferment dans leur sein, elles fournissent beaucoup d'eau dans les plaines et trop même ; leurs versants sont tous couverts d'arbres et celles du nord de neige en hiver. On y a formé des glacières pour approvisionner toutes les villes de la côte, et le bas prix de la glace fait que le peuple en jouit aussi.

Histoire de la Sardaigne.

Les auteurs sardes croient que l'histoire de la Sardaigne est fabuleuse comme celle des autres pays. Ils la trouvent dénommée par quelques anciens auteurs du nom de Schnusa, et par d'autres, de celui de Sandalïoïï. Elle ne prit le nom de Sardaigne qu'à l'arrivée de Sardus, venu de Lybie, avec des troupes. Il en devint Roi et fut aimé par le peuple. A sa mort, il fut divinisé et on lui éleva des temples dédiés à Sadispater.

C'est de ce temps qu'il faut considérer les Sardes comme devenus Grecs. Aussi, Justin rapporte un passage de l'ouvrage de Drogue-Pompée, de l'Ambassade envoyée par eux à Alexandre-le-Grand, à Babylone, en 319 avant J.-C.

Rien ne prouve que les Romains aient précédé les Grecs en Sardaigne, du moins qu'ils s'y soient fixés.

Les Grecs firent fleurir l'Ile et tous les historiens sont d'accord sur ce point. S'il n'y a plus de monuments qui rappelent ce temps-là, on le retrouve dans la cité de d'Iglesino qu'on dénomme encore la ville des Grecs.

Les Carthaginois leur succédèrent et suivirent leurs traces. La position de Bosa leur plut et ils y bâtirent une ville qui existe encore etsous le même nom.

Ayant dû, par traité, céder la Sardaigne aux Romains.
ils commirent un acte barbare en faisant couper les
arbres fruitiers, avec défense, sous peine de mort,
d'en replanter.

Les Sardes, au reste, reçurent très mal leurs nou-
veaux maîtres.

Il s'en suivit des batailles sanglantes (1). Titus Manlius
Torquatus fut envoyé avec des forces considérables pour
les châtier. Cette expédition eut lieu en 252 avant J.-C.

Nouvellement soumis, on porta le peuple au travail,
car Rome voyait la nécessité de se pourvoir de grains
en Sardaigne et l'avantage de faire valoir les riches
minières de l'Ile (2).

Les Romains firent de la Sardaigne un lieu de préside
et voilà comment Cicéron, le grand orateur, s'y est
trouvé exilé.

Il est certain que s'il a été envoyé à Cagliary, il a dû
voir la terre bien nue aux environs. On lui prête ce
propos :

> . . . Terra nudatus,
> Barbara terra natus.

Pourtant dans ses ouvrages, il fait l'éloge de la Sardaigne, c'est qu'il a dû ensuite visiter l'intérieur. Qu'aurait-il
dit aujourd'hui, en voyant l'intérieur avec son air infecté et ses habitants avec des figures blêmes ?

(1) Azuni dit que c'est depuis lors que la population de la
Sardaigne a été réduite.

(2) Solinus (LXI) « Les Romains en s'emparant de l'Ile la
» considérèrent comme susceptible de produire beaucoup de
» céréales et riche en mines d'argent. »

En parcourant les auteurs anciens, aucun ne parle d'insalubrité de la Sardaigne, mais bien du caractère sauvage des Sardes, car en passant sous les Romains, ils avaient perdu tout le poli des Grecs et conservé seulement dans leur langage des mots de leurs anciens maîtres, auxquels ils ont ajoutés dans la suite des mots latins et en dernier lieu des mots espagnols, voilà ce qu'est aujourd'hui la langue sarde.

Les Vandales profitèrent de la faiblesse des Empereurs grecs pour s'y établir et la possédèrent pendant 67 ans. Ils en furent chassés par Bélisaire, général de Justinien, en 535.

Le nouveau débordement du nord au midi de l'Europe, dans les Goths, enleva encore à l'Empire la Sardaigne, destinée à passer de main en main. Elle avait donc son mérite pour être convoitée par diverses nations. Rome qui ne voulait pas perdre cette possession qui lui convenait pour ses subsistances, y envoya Narssés et l'île fût reprise. Mais l'Empire était toujours dans sa décadence et menacé de toute part par les Sarrasins, qui visaient à conquérir toute l'Europe, pour étendre partout l'Islamisme.

Quand on lit l'histoire des Arabes, on y voit que depuis 724, ils inquiétaient la Sardaigne par des razzias. Les Sardes se défendaient de leur mieux; mais ils étaient reduits à leurs propres forces. Leurs nombreux ports ne pouvaient tous être gardés de manière à résister à ces pirates venant en nombre, et il fallait céder le terrain, en attendant de revenir avec des forces majeures pour les expulser. Telles furent les premières guerres que les Sardes eurent à soutenir contre les Sarrasins. Il faut dans cette occasion louer leur courage. On les a vu se battre contre les Romains, et ne céder qu'après des garanties et le maintien de leurs lois auxquelles ils ont toujours tenu.

En Europe, dans le moyen âge, on confondait les Arabes avec les Maures. Dans ce temps, les Arabes étaient civilisés, tandis que les Maures ne le furent jamais. Les véritables Arabes méprisaient ceux-ci. C'est cette race maure, qui fut toujours pillarde. Or, les corsaires qui venaient faire des déprédations sur les côtes de la Sardaigne comme ailleurs, étaient maures, et non sarrasins ; ensuite on leur donna le nom de barbaresques.

On ne peut aller qu'à tatons, dans l'histoire des premiers siècles de notre ère, car les historiens ont manqué faute d'instruction, et si nous savons quelque chose sur les grands peuples, les petits ont été oubliés.

Il parait que le nom de Charlemagne avait retenti jusqu'en Sardaigne. En effet, ce grand homme étonnait tout le monde, soit par ses conquêtes, soit en relevant les sciences et les arts. Les Sardes, malgré leur état abruti, tournèrent leurs vues vers ce grand Empereur, comme pouvant les délivrer des incursions des Sarrasins et rétablir la tranquillité dans i'Ile, qui n'existait plus depuis longtemps.

Mais ce Prince étant mort, ils eurent recours à son fils, Louis-le-Débonnaire, Empereur et Roi de France ; ils lui envoyèrent en 815, des Ambassadeurs pour lui demander de devenir ses sujets, et de les protéger pour éviter tous les maux qu'ils éprouvaient de la part des infidèles, les ennemis déclarés de tous les Chrétiens.

Louis fit un très-bon accueil à l'ambassade, accepta l'offre de compter dans ses Etats la Sardaigne, et promit de la secourir. Il eut certainement rempli ses engagements,

bon comme il était, et très pieux; mais les affaires inté-
rieures l'empêchaient de s'occuper du dehors.

Dans cette démarche du peuple sarde, il n'y gagna
que de faire partie de l'Empire d'Occident, ce qui ne fut
pas d'un grand avantage comme on va le voir, pour ces
temps douloureux pour la chrétienté de s'être trouvée en
grande partie au pouvoir de l'islamisme.

Dans le xie siècle une nombreuse armée sarrasine vint
s'emparer de la Sardaigne. Les auteurs sardes n'en font
pas l'éloge. Mais les Sardes avaient déjà pris de l'aversion
contre les Maures au point de confondre ceux-ci avec
les Arabes. Partout où les Sarrasins mirent les pieds, ils
laissèrent des souvenirs honorables, soit dans leur conduite, soit dans des monuments qui existent encore.
Leur religion devait naturellement les rendre antipathi-
ques aux Sardes. A Cagliary on m'a montré la tour de
l'Eléphant comme étant leur ouvrage et dans diverses
villes ou villages ils élevèrent des mosquées devenues
ensuite des églises.

Il y avait en Sardaigne le Roi musulman Mussa quand
les Pisans, alliés aux Génois, vinrent chasser les Sarrasins de toute l'Ile. Une fois maîtres du pays, l'armée
italienne en fit le partage. Les Génois s'établirent dans
le Nord de l'Ile et Sassari en fut la capitale : Les Pisans
eurent la partie du Midi et Cagliary en devint la capitale.
Dans la suite toute l'Ile se trouva au pouvoir des Pisans.

Ceux-ci s'occupèrent de la faire valoir. Les terres furent cultivées et les mines exploitées. Beaucoup de seigneurs pisans vinrent s'y établir par les avantages
qu'elle présentait. Quatre de ces seigneurs reçurent le
titre de Rois et leurs femmes celui de Reines. Cé mode

de roitelets avait déjà existé dans la Sardaigne. D'après les historiens, on voit que les Pisans surent tirer un grand profit des mines d'argent, car on raconte que les Génois se trouvant en guerre avec eux, prirent en 1285 une escadre dans les environs de l'Ile, qui portait 28,000 marcs d'argent à Pise. On s'occupa aussi des carrières de marbre et il existe dans la cathédrale de cette ville quatre colonnes de jaspe, provenant de la Sardaigne.

Après le temps des Grecs, le règne des Pisans fut un second âge d'or pour cette Ile et elle ne le retrouva plus depuis lors.

Ce fut à cette époque que Barison acheta pour 4,000 marcs d'argent, par annuité, la royauté de la Sardaigne de l'Empereur Frédéric Barberousse ; mais les Génois s'opposèrent à ce qu'il put l'exercer. Azuni dit qu'il s'intitulait *Rex Corsica et Sardaignia*.

En 1290 le roi Jacques d'Aragon reçut de Boniface VIII. l'investiture du royaume de Sardaigne. Ce fut en échange de la Sicile cédée au Pape.

Les Pisans se trouvaient mortifiés de devoir abandonner un pays qui leur était avantageux et qu'ils avaient fait refleurir ; dès lors ils se disposèrent à la résistance. Le Roi Jacques l'ayant su envoya son fils Alphonse avec une armée considérable. Le débarquement eut lieu à Iglésias. Puis on vint assiéger Cagliary par terre et par mer afin d'empêcher que cette ville ne reçut des secours par cette dernière voie. Après quelques mois la ville capitula, mais dans l'Intérieur les Pisans s'y maintinrent longtemps car les Sardes avaient pris leur parti.

En 1326 Ferdinand d'Aragon ayant épousé Isabelle de Castille, la Sardaigne devint une possession espagnole.

Plusieurs seigneurs pisans demeurèrent dans l'Ile et à ceux-ci se joignirent des seigneurs d'Espagne. Le Gouvernement espagnol accorda de grands privilèges aux deux noblesses pour les conserver sur le pays et ce sont elles qui figurent encore aujourd'hui.

Quant au peuple on lui avait conservé ses anciennes lois réunies en Code du temps qu'Eléonore Arboren était Reine régente du petit royaume de ce nom en Sardaigne et ce Code porte le nom de cette reine.

L'Espagne établit un vice-roi à Cagliary et paraissait vouloir s'occuper de sa nouvelle colonie, lorsqu'un nouveau monde lui fut donné par la découverte de l'Amérique. Alors tous ses regards se tournèrent de ce côté-là et la Sardaigne fut oubliée.

C'est de cette époque qu'on voit le pays devenu mal sain , car auparavant il n'en est pas question. On laissa les eaux s'étendre dans les plaines et former des marais dont les émanations infectèrent l'air. Il en naquit la maladie qu'on nomme dans le pays *intemperia*, et qui fait beaucoup de ravages dans l'Ile surtout à l'époque des grandes chaleurs.

Par un arrangement avec la maison d'Autriche , l'on voit l'Espagne lui céder en 1712 la Sardaigne et puis 8 ans après cette Ile passer à la maison de Savoie donnant en échange à l'Espagne la Sicile.

Tous ces arrangements ne plurent pas aux Sardes, car ils passaient sous la domination d'un petit Etat de terre ferme et leurs côtes se voyaient encore livrées à la rapine des Maures sous le nom aujourd'hui de Barbaresques ; mais il fallut se plier aux circonstances et les Piémontais furent reçus sans aucune résistance.

Le Gouvernement de Turin ne considéra toujours la Sardaigne que comme une charge. Elle ne lui avait pas été remise brillante et le trésor ne pouvait faire aucun sacrifice pour la relever. On peut dire qu'il n'y a que le Roi Victor Amedée (1773) qui s'en soit occupé. Il afferma les mines pour quelques années; mais cela n'eut pas de suite.

On a dit pour raison d'avoir repoussé des compagnies qui s'étaient présentées pour diverses exploitations, qu'on craignait d'attirer l'attention sur la Sardaigne. Mais cette idée, si elle a existé, ne pourrait être traitée que d'absurde, car ce ne sera pas pour ses produits qu'on convoitera la Sardaigne, mais pour le véritable motif de sa position admirable.

Dans un mémoire que j'ai sous les yeux, l'auteur envisage les améliorations dont l'Île est susceptible et traite également la question politique. Voici ce qu'il dit en résumé.

« Par les notions que nous avons données des diffé-
« rentes productions de la Sardaigne, on a pu prendre
« une idée de la valeur de cette Île. — Cette valeur se-
« rait considérable si son gouvernement était assez puis-
« sant pour faire une mise relative aux revenus qu'il
« serait possible d'en tirer en y transplantant des colo-
« nies, qui, protégées par la force contre les gens du
« pays, s'occuperaient de l'assainir et de la cultiver.
« Le climat est l'ouvrage de l'homme. En faisant dispa-
« raitre les eaux stagnantes on rétablirait la pureté de
« l'air. Quelle foule de productions ne verrait-on pas
« naître, dans un sol, emprégné depuis bien des siè-
« cles, de nitre et d'alkali ?

« La Sardaigne ne présente pas plus d'obstacles à
« vaincre que les Antilles, qui sont l'œuvre de l'indus-
« trie. Mais sans se figurer les avantages qu'on pourrait
« attendre de cette contrée, couverte d'habitations et
« exploitée par les trésors d'une puissance prépondé-
« rante, il serait possible dans son état même actuel
« d'un peu la policer, d'augmenter la culture de ses
« terres et d'exploiter ses mines qui sont aussi à faire
« valoir. Que de choses à faire en Sardaigne !..... Ce
« n'est pas le Gouvernement de Turin, qui veuille s'en
« charger !.... Il faut une puissance telle que la
« France. Elle lui convient pour l'approvisionnement de
« la Corse et pour assurer sa suprématie dans la Médi-
« terranée. Le cardinal de Fleury lorsque Charles-Em-
« manuel était l'allié de la France contre l'Autriche, avait
« proposé d'enlever à celle-ci le Milanais pour le donner
« au Piémont, qui, de son côté recompenserait la France
« en lui cédant la Sardaigne. »

Il est certain que la Sardaigne se trouvant dépeuplée, il
lui faut des colonies pour la repeupler. Sans employer les
colons à assainir le pays, on pourrait employer les for-
çats. M. Bélly avait donné cette idée pour les travaux des
mines. Si on laisse tout en l'état, le pays ne pourra pas
prospérer.

Le Gouvernement de Turin doit se réveiller et surtout
aujourd'hui qu'il a plus de moyens. S'il ne veut pas s'occuper de la Sardaigne, qu'il la cède à une puissance qui
voudra s'en occuper.

Dernièrement il a été dit qu'il faudrait cent millions
de francs pour relever la Sardaigne. Mais ces cent millions vous en rendront bientôt autant.

On ne doit pas surcharger les dépenses d'un Etat; mais il peut favoriser les entreprises et pour cela admettre les compagnies qui se présentent pour telle ou telle autre branche, quand l'on voit ces compagnies en état de remplir les engagements qu'elles prennent.

Il faut améliorer le pays pour satisfaire ses habitants afin qu'ils s'attachent au Souverain.

Je les ai vus mécontents car leur autonomie était méconnue. Ils me disaient : les Romains (1), les Pisans, les Espagnols respectaient nos lois et les Piémontais sont venus pour les fouler à leurs pieds. C'était bien le cas de dire : si le Roi le savait ! Mais le Secrétaire d'Etat qui menait le pays, car les Vice-Rois envoyés de Turin n'y étaient que pour la forme, cachait à la Cour les doléances des Sardes et l'on croyait à Turin que tout allait bien en Sardaigne.

La République française, ayant déclaré la guerre au Roi de Sardaigne en 1792, voyant qu'il était entré dans la coalition contre la France, jugea nécessaire de s'emparer de la Sardaigne pour assurer l'approvisionnement de la Corse et pour fermer ses ports aux escadres et aux corsaires anglais, qui dans les guerres précédentes y avaient toujours trouvé toute assistance.

En conséquence, une expédition eut lieu à la fin de cette année. Elle n'était pas considérable, car on espérait par un coup de main se rendre maître de l'Ile, sachant que les Piémontais y étaient en petit nombre et mal vus dans le pays.

(1) Rome avait pour principe de maintenir les lois existantes dans chaque pays dont elle faisait la conquête.

Azuni fait erreur, ou a voulu flatter ses compatriotes, en disant que l'escadre française, lorsqu'elle se présenta devant Cagliary fut repoussée par les Sardes avec des pertes considérables.

L'escadre aux ordres de l'amiral Turguet, ayant jeté l'ancre devant Cagliary, envoya un canot en parlementaire pour engager la place à capituler. On ne permit pas au canot d'approcher, on lui tira même dessus et fort heureusement il n'éprouva aucun dommage, ni perte en hommes.

La noblesse craignant de perdre ses titres avait ameuté la population en lui disant que les Français étaient devenus irreligieux et venaient pour piller les églises.

Mon père, ci-devant Consul de France en Sardaigne, d'où il venait d'être expulsé, se trouvait sur l'escadre ainsi que moi. Il dit au général Casabianca qui commandait les troupes : « Vous voyez d'ici le promontoire de « Buenos-Ayres, derrière lequel il y a une anse où « les Espagnols débarquèrent quand ils vinrent s'em- « parer de Cagliary, je vous conseille de faire votre dé- « barquement là. Le couvent des Dominicains qui est « au dessus du promontoire vous servira pour tous vos « dépôts. »

Le général ayant mal entendu ou ses ordres ayant été mal entendus, le débarquement eut lieu en deçà du promontoire, justement au lieu où se trouvent les salines. La troupe ne put se rallier de suite et la nuit se faisant elle se rembarqua.

Il ne fut plus question que de bombarder la ville et l'arrivée du contre-amiral Latouche-Treville donna un renfort à l'escadre pour augmenter son feu contre la ville.

Comme il y avait la batterie des Saluts à l'extrémité de la marine du côté de l'Ouest dont le feu incommodait les vaisseaux les plus avancés dans cette partie, le vaisseau le *Léopard*, de 80 canons reçut l'ordre de mouiller devant cette batterie et de la raser; mais on n'eut pas le soin de faire sonder avant que le vaisseau prit cette direction et il échoua.

Alors, on fit évacuer ce vaisseau et on l'incendia.

Après quelques joùrs de bombardement et malgré le mal que notre artillerie faisait à la place, l'amiral ne voyant aucun mouvement propre à la voir bientôt en son pouvoir, l'hiver étant déjà avancé et les vaisseaux ayant besoin de réparer quelques avaries, vers la fin de janvier 1793, l'escadre leva l'ancre pour rentrer à Toulon.

En passant devant les îles de St-Pierre et de St-Antioche, elle reprit les garnisons qu'elle y avait placées. Le rembarquement eut lieu aussi tranquillement que le débarquement. Les Français n'avaient nullement touché aux églises, ni aux propriétés particulières et les Sardes purent se convaincre qu'ils n'étaient point des pirates.

Quant aux pertes considérables qu'ils auraient essuyées devant Cagliary, celle du vaisseau est provenue par accident, quelques transports ont fait côte par l'effet du mauvais temps et nous n'avons eu que quelques hommes tués et blessés, car les artilleurs sardes dirigeaient mal leur feu sur nos vaisseaux; et à terre, il n'y a pas eu d'engagement sérieux.

Je n'ai pas pris la peine de lire le poème sur l'événement, car je ne l'ai considéré ni comme l'Odissée, ni comme l'Illiade d'Homère, et que ce ne peut être qu'une pièce burlesque pour amuser le bas peuple (1).

L'esprit qui se manifesta en faveur des Français, dans les Iles de St-Pierre et de St-Antioche aurait dû être un avertissement pour le Gouvernement de Turin, si on lui en avait fait part ; mais on lui parla seulement du triomphe de Cagliary.

Les Sardes de cette ville, se l'appliquèrent et dirent : puisque nous avons pu chasser les Français, nous pouvons chasser les Piémontais qui nous font du mal, tandis que les Français n'en ont point fait dans les îles qu'ils ont occupées.

Les Sardes se levèrent en masse, en 1794. Ils chassèrent toutes les autorités piémontaises et tous les autres Piémontais même mariés sur le pays ; il n'y eut que les évêques piémontais qui eurent la permission de rester et d'exercer leurs fonctions.

Ce fut alors qu'on connut à Turin le mécontentement du peuple sarde et on s'empressa de lui faire les plus belles promesses pour le faire rentrer dans l'ordre. Le Code Sarde devait être exécuté en sa forme et teneur.

D'après ce Code, les places ne doivent être données qu'aux sardes. Le gouvernement de Turin accepta toutes les nominations faites par le gouvernement provisoire de Cagliary, car il s'agissait de personnes respectables du pays. Mais le Vice-Roi retourna avec des ordres secrets et on en revint à l'ancien système de ne placer que des Piémontais, car il fallait encore plus se méfier des Sardes.

(1) Un plaisant provençal ayant su qu'on n'avait pas pris Cagliary dit dans son patois: *Né sieou surprés, car lou prendrieou émé dé peumo cuécho.* (J'en suis surpris, car je le prendrais avec des pommes cuites.)

Une seconde explosion allait éclater, lorsqu'en 1798, le Roi Charles-Emmanuel fut obligé de quitter ses Etats de terre-ferme pour se réfugier en Sardaigne.

Les Sardes firent taire leur ressentiment, pour accueillir avec enthousiasme leur souverain, espérant d'être à la fin de leurs maux, parce qu'ils pouvaient actuellement s'adresser directement au Roi. Mais ce prince même avec bonne volonté ne pouvait guère faire le bien de la Sardaigne, car il se trouvait sans ressources et fut même obligé d'augmenter les impôts ; les Sardes les supportèrent sans murmurer. L'année 1815 rouvrit les Etats de terre-ferme au Roi de Sardaigne et même il acquit le duché de Gênes. Tout cela ne changea rien à la position de la Sardaigne pour maintenir le *Statu quo* si favorable à l'administration.

Dès l'établissement du Statuto, la Sardaigne est régie comme les Etats de terre-ferme. On y avait établi deux intendances et dix sous-intendances. Aujourd'hui il s'agit de deux préfectures et de dix sous-préfectures. Cagliary n'est plus que le chef-lieu d'un département et non plus de toute l'Ile. C'est commode pour les Sardes du nord qui n'ont plus à recourir à Cagliary pour leurs affaires, mais cette ville a perdu sa prépondérance sur toute l'Ile, et est devenue une ville secondaire.

L'état volcanique de la Sardaigne n'est pas douteux et nous avons pu nous en convaincre nous même.

Nous croyons faire plaisir au lecteur de joindre ici un mémoire qui nous a été remis par un médecin distingué de Cagliary, lequel a traité la question et a analysé en même temps les eaux thermales de cette Ile, qui eurent un renom dans l'antiquité. On va peu aux sources actuellement faute de lieux commodes pour s'y arrêter, et, d'ailleurs, les habitants de ces contrées étant peu traitables.

Il serait temps de civiliser les Sardes de l'intérieur et c'est une honte pour l'Europe que dans l'une de ses parties la plus rapprochée, il y ait encore des hommes à demi-sauvages. Il faudrait donc rendre la Sardaigne à l'Afrique, car elle est assez voisine de cette contrée, si l'on ne veut l'admettre comme partie intégrante de l'Europe. Les palmiers qu'on y voit indique bien qu'elle est du moins moitié africaine.

Analyse sur les volcans éteints de la Sardaigne et sur la qualité de ses eaux thermales.

La grande quantité de pierres volcaniques qu'on voit en Sardaigne ne laissent aucun doute qu'il y ait eu des volcans connus dans d'autres parties du monde, à moins que l'on veuille prêter gratuitement au déluge les dépôts de laves que l'on trouve distribués dans presque toutes les parties de l'Ile.

Voici nos observations particulières sur le cours des laves. Les villages de Narbolie, Melis, Paucelate et Guilarza, sont fondés sur des laves ; leurs maisons, leurs enclos sont fabriqués de la même pierre. Toutes ces contrées offrent des ruines et leurs configurations font croire que les montagnes qui les entouraient ont été englouties par la communication de plusieurs foyers de volcans. Nous pourrions en dire autant de plusieurs autres districts où nous avons reconnu les mêmes vestiges. La grande fertilité des terres de Sardaigne nous parait encore un témoignage de l'existence primitive des volcans.

Pour parler des eaux thermales qui nous ont mis dans le cas de dire un mot des volcans, nous ajouterons pour donner encore plus de consistance à notre hypothèse sur l'agent de ces eaux que nous avons observé, que par le moyen de l'évaporation, elles donnent un sel neutre volatil. On sait qu'il existe dans la pierre à chaux un alcali volatil d'un acide de sel marin. Rien n'est plus exécrable que la chaleur des volcans, qui ont déployé ces sels, ou dégagé l'acide de sel marin, et ait substitué le vitriolique et en forme un sel neutre ammoniac.

On sait assez communément que l'effet des eaux thermales est local. Après une idée telle que nous avons pu la prendre des eaux de Sardaigne, nous avons pu remarquer qu'elles sont à peu près égales. Elles ne sont ni sulfureuses, ni bitumineuses, ce qui nous porte à croire que les volcans ont calciné une grande partie de pierres dont la Sardaigne abonde, le courant qui a pris sa direction dans leurs lits les a mis en effervescence et en reçoit ce principe de chaleur maintenu.

Mais dira-t-on vous admettez qu'il y a des volcans en Sardaigne, cependant aucun auteur n'en parle et le pays n'offre aucune tradition qui puisse y suppléer.

Malgré toutes nos recherches noûs n'avons pu découvrir encore aucun foyer, mais nous avons vu une trop grande quantité de pierres volcaniques pour ne pas supposer que la Sardaigne ait eu des volcans.

L'historien en parlant des édifices ruinés qu'il a observés auprès des sources thermales, n'a pu douter que les anciens ont fréquenté ces lieux. De toutes celles qui ont été le plus en faveur sont celles de Sardara et de Fordongiano ; cependant, malgré leur vertu généralement reconnue par les médecins, ces bains sont peu abordables aujourd'hui par le défaut d'un local convenable, le mauvais caractère des habitants et l'intempérie qui règne de 6 à 7 mois de l'année. — Les malades qu'on y envoie, vont habiter des fermes dans la saison moins dangereuse et font voiturer les eaux qui leur sont nécessaires ; mais ces eaux perdent nécessairement une portion de leur volatilité et ne produisent pas l'effet qu'on en attend.

Les fontaines d'eaux que l'on rencontre dans la Sardaigne sont celles de Sardara, Villa Flumini Major, Fordongiano et une nouvelle découverte à l'île de Saint-Antioche au bord de la mer. Quant à celles connues dans le cap de Cagliary et au cap de Sassari (Bemsotti et Choghegu), prises à leur source, elles ont toutes un même degré de chaleur, à ne pouvoir être bues aussitôt puisées. Celles de Sardara et de Fordongiano sont cristallines et n'ont point de goût. Elles se maintiennent ainsi plusieurs mois dans des bouteilles et sans déposer aucun sédiment. Nous les comparons à celles d'Aix en Savoie, dites alumineuses. La malpropreté des autres eaux leur a fait contracter un goût de boue. Au reste leur qualité est partout la même, ce que nous avons déjà dit, et nous croyons qu'elles ont la même source. Elles renferment également des sels neutres volatils d'où peut naître leur vertu purgative. Quand nous nous trouvâmes à Sardara, nous remplîmes une cruche de terre de son eau minérale et nous la laissâmes déposer quelques jours dans un lieu frais. Nous vîmes au bout de ce temps sur la superficie de la cruche une effleurescence de sel blanc dont nous ne pûmes distinguer la configuration.

Nous en pesâmes 4 drachmes que nous mîmes dans

un verre d'eau fraiche. La dissolution fut prompte et nous l'avalâmes à jeun. Nous trouvâmes qu'il faisait autant d'effet qu'une double dose de sel d'Epsom. Nous continuâmes de faire d'autres epreuves dans un verre plein de cette même eau. Nous mimes une noix de galle concassée qui communiqua aussitôt sa couleur naturelle de canelle et insensiblement l'eau devint rouge tirant sur le noir. Au bout de trois jours, ce rouge devint un noir prononcé comme l'encre, ce qui me confirma l'existence dans l'eau d'un sel vitriolique martial. Nous répartimes ensuite quelques gouttes d'une dissolution d'argent dans cette eau : elle prit aussitôt une couleur de lait et il s'en est suivi la précipitation.

Nous devons ajouter que dans l'ancien temps on comptait jusqu'à 150 navires français qui faisaient annuellement le cabotage de la Sardaigne avec le continent, car elle ne pouvait autrement communiquer avec la terre-ferme. De ce nombre cinquante étaient au service du gouvernement de Turin. Il en était de même pour les autres états d'Italie. C'est donc avec raison qu'on a dit alors que la Méditerranée était devenue un lac français. Les Italiens n'ont pu reprendre la mer librement que depuis la chute des puissances barbaresques, et il faut remonter aux Romains pour avoir vu leur suprématie sur cette mer après la chute de Carthage.

Nous ajouterons encore la note suivante pour faire connaitre le mode employé en Sardaigne pour se procurer du nitre, car nous croyons qu'il est bon de faire observer la méthode que chaque pays emploie pour en produire lorsqu'il s'agit d'un moyen très simple et très productif.

Confection du Nitre en Sardaigne.

On s'occupe de la confection du Nitre à Issili, dans le cap de Cagliary ; à Plarogue, Samogheo , Tiesi , etc., au cap Sassari.

Des cavernes, que la nature à pratiquées dans les collines, servent de retraite aux nombreux moutons qui paissent dans le voisinage. On leur fait une couche de terre fine et légère de l'épaisseur d'un pied , lorsqu'elle est bien imprégnée de l'humidité qui résulte du long séjour de ces animaux dans les grandes chaleurs de l'été, les bergers y mêlent des cendres vierges et ils passent ensuite à la lixiviation de ce mélange dans des tonneaux , d'ou ils tirent une eau chargée de nitre, qui donne par l'évaporation le salpêtre de première cuite.

Le déchet qu'il soufre à la Raffinerie royale de la poudrière de Cagliary, n'est que de **23** à **30** pour cent, s'il n'y a point de fraude de la part des vendeurs.

Les terres lixivées sont portées de nouveau dans les mêmes cavernes, où après deux ou trois ans elles servent de rechef à produire du nitre.

On peut évaluer à **200** quintaux sardes (1) le produit annuel du salpêtre que fournissent les endroits dont nous avons fait mention. Il serait facile de l'augmenter dans un pays où ce genre de bétail est très abondant, si l'usage était de lui donner des abris plus étendus et plus propres à la conservation de l'espèce qui périt en grande partie par l'entassement et le peu de soins qu'on lui accorde.

(1) Le quintal sarde représente 104 livres poids de Marseille.

Pour faire de la poudre on se sert du charbon du bois d'aune du pays et de soufre qu'on tire de Sicile, car la Sardaigne n'en produit pas.

Nous ne finirons pas sans dire que nous avons eu occasion de visiter des grottes Stalactites et de voir des bois pétrifiés. A Monte-Santo on nous fit remarquer de la mine de plomb à petites facettes dans les décharges des anciennes exploitations. On ne finirait pas s'il fallait rapporter toutes les richesses que renferme la Sardaigne.

ESQUISSE SUR L'ILE DE SARDAIGNE.

2me PARTIE.

TOPOGRAPHIE.

La Sardaigne est située presque au centre de la Méditerranée Occidentale, plus rapprochée de l'Afrique que de l'Italie, entre les 38° 55' et 41° 15 de lat. N., et les 6° et 7° 50 de long E. Elle a 840 L. C. de superficie. Une chaîne de montagnes la traverse du Nord au Sud dans une longueur de 58 lieues. Ces montagnes prises horizontalement, partent presque du milieu de l'Ile et vont aboutir au rivage de la mer dans beaucoup d'endroits dans l'Est. Elles occupent donc une largeur de 16 lieues, puisqu'on en donne 32 à l'Ile.

Toutes ces montagnes sont boisées, c'est là que se trouvent la plupart des mines. Elles sont la demeure des bêtes sauvages.

Sur les versants sont les habitations d'un peuple à demi-sauvage.

Dans la partie de l'Ouest il y a de petites chaînes de montagnes soit verticales, soit horizontales.

C'est dans cette partie que sont les grands bassins.

Il existe trois grandes rivières et une infinité de petites. Les montagnes leur fournissent beaucoup d'eau, car la Sardaigne en reçoit considérablement à l'époque des pluies par le passage des nuages allant de l'Est à l'Ouest et comme il y a des déversements sur les terres, par défaut d'endigage, il s'est formé des marais qui, par leurs émanations, ont infecté l'air dans l'intérieur.

Nous avons dit qu'il était nécessaire d'assainir l'ile et d'autres l'ont dit avant nous. Ce sera le moyen de rétablir la population dans l'Ile et, par la culture de toutes les terres de lui donner les moyens de subsistances et de bien être. La population actuelle n'est que de 450,000. Ce chiffre est bien modique relativement à l'étendue de l'Ile. En prenant la carte de d'Anville on y voit une infinité de villes et de villages qui n'existent plus. L'intempérie a été une peste continuelle pour la Sardaigne depuis quelques siècles et de là bien des générations se sont éteintes, et le sol s'en est trouvé dégarni ainsi que des bras pour le travail.

Même dans les villes du littoral on le redoute crainte qu'un jour il ne s'y introduise. Pourtant la Sardaigne possède un climat tempéré et ne peut en jouir partout par le fléau qui décime son centre et menace ses attenants. Ce sera une bonne œuvre que remplira le Roi d'Italie que de rendre à la Sardaigne l'air salubre dont elle a joui et qui peut lui être rendu pour le bien des générations présentes et celles futures.

Nous sommes pour les compagnies qui se chargent des exploitations, car si elles font leurs affaires, elles font aussi celles du pays.

Le Roi Victor-Amedée avait concédé pour 20 ans les mines de la Sardaigne au sieur Durand; puis elles le furent pour 30 ans au sieur Mandel. Depuis lors il n'a plus été question de concession. On a donné pour raison des suppositions absurdes. Mines et culture tout a été paralysé.

Partout aujourd'hui les Compagnies sont admises et partout on s'en trouve bien.

La Sardaigne a à offrir en exploitation ses mines et la culture des terres. Nous avons indiqué aussi cette Ile comme pouvant être cotonnière et rappelé qu'elle doit le premier essai à M. Anglès qui avait recounu que son sol était propre à cette culture. Nous avons pu remarquer que bien des essais de plantes ou graines exotiques ont réussi en Sardaigne. Nous croyons qu'avec le nopal qui y abonde et par un soleil vivifiant l'éducation de la Cochenille pourrait aussi y réussir.

Cagliary était jusqu'en ces derniers temps la capitale de l'Ile : mais c'est toujours la ville principale.

Elle se compose de deux villes. Celle haute, dite *el Castello* et celle basse dite *la Marina.*

Sa position est au fond d'une baie, qui porte son nom, bâtie sur la rive du Nord.

A côté de la marine, dans la partie de l'Est, est une darse spacieuse, qui était le port dans l'ancien temps et où les bâtiments vont se radouber. Il y existe un chantier pour la construction des navires et des magasins pour tous les objets nécessaires à la navigation et pour le service du commerce.

Les bâtiments qui viennent à Cagliary mouillent devant la ville. La rade est de bonne tenue; mais quelquefois quand les vents soufflent avec violence dans la partie de l'Est, ceux mal ancrés dérappent et vont échouer dans le fond de la baie, mais sans éprouver de fortes avaries, car ils donnent sur de la vase, d'où il est facile de les tirer au premier beau temps.

La haute et la basse ville sont entourées d'un rempart qui les réunit. Il existe deux forts à la Marine, l'un du côté de l'Est qui protège la darse et l'autre à l'Ouest pour protéger le mouillage. Celui-ci rend les saluts aux bâtiments de guerre qui saluent la place.

La ville haute est plus fortifiée que la marine, c'est la véritable place de guerre. Elle est séparée de la Marine par une épaisse muraille, ayant de l'artillerie au-dessus, soit pour battre la marine au besoin, soit pour tirer sur la rade. Sa garnison est d'environ 2,000 hommes. On avait créé un régiment sarde pour augmenter les troupes dans l'Ile ; mais on ne tarda pas de l'appeler en terre-ferme.

Dans la haute ville, sont les arsenaux et magasins du Gouvernement, les Palais des autorités civiles et militaires, les Hôpitaux, l'Hôtel des monnaies, l'Archevêché, la Cathédrale, les Palais de la noblesse qui est nombreuse en Sardaigne, plusieurs couvents de religieux et de religieuses et la fameuse Tour de l'éléphant dont nous avons déjà parlé et où l'on renferme les criminels.

La Bibliothèque, l'Université, le Séminaire, le Théâtre et autres établissements publics se trouvent dans la ville basse, qui est pour le reste habitée par la bourgeoisie et le bas peuple.

Il paraît que dans l'ancien temps la marine ne renfermait que quelques maisons et des magasins, car les auteurs sardes disent que ce sont les Pisans qui donnèrent plus d'étendue à la basse ville et y élevèrent les grands édifices qui y existent encore. Ils ajoutent que les Pisans avaient un esprit de grandeur qui égalait celui des Romains et n'était pas pourtant de leur siècle.

A l'Ouest de la Marine est le faubourg de Stampache qui est considérable et qui est habité par le bas peuple ; mais il y a aussi de la bourgeoisie, beaucoup de couvents et d'églises. Les jésuites y sont grandement logés et leur église est un bel édifice. On y voit de bons tableaux de l'Ecole italienne.

Dans ce faubourg sont releguées toutes les fabriques et il n'y en a pas beaucoup en Sardaigne, car on y est encore bien arriéré. Les matières premières ne manquent pas , mais il faut de l'émulation et c'est ce qui manque aux Sardes. Ils tiennent bien sur ce point des Asiatiques.

L'autre faubourg de Cagliary est Villa-Nova, au côté , opposé de la ville ; il est peu considérable.

Dans la partie de l'Est est la plaine de Quarto qui renferme les salines et des champs la plupart incultes.

Cagliary a de mauvais voisins , car dans l'Est ce sont les salines et dans l'Ouest des marais provenant des débordements de la rivière qui vient se jeter dans la baie.

Malgré un entourage aussi mal sain , il n'existe point d'épidémie en ville (1), les fièvres n'atteignent que le bas peuple parce qu'il mange trop de fruits non encore en maturité. Les figues de Pula sont surtout pernicieuses.

On ne connait pas précisément l'époque de la fondation de Cagliary. On l'a fait remonter au temps que les Phocéens vinrent s'établir dans les ports de la Méditerranée occidentale ; il est question aussi des Phéniciens, mais ce qui est attesté , c'est que Sardus vint en Sardaigne avec des Lybiens et qu'il est bien probable que

(1) Quant à la salubrité de la ville les médecins prétendent qu'elle est due à l'extension de sa baie , ce qui permet aux vents de circuler et d'enlever toutes les vapeurs méphitiques.

Cagliary lui aura paru un lieu convenable pour en faire la capitale de l'Ile.

Des Sardes n'ont dit que Sassari disputait la primauté à Cagliary, mais sans nous dire sur quoi la première ville se fonde, si ce n'est par son site plus agréable, car Cagliary n'a de l'avantage sur sa rivale que par une baie qui pourrait contenir toutes les escadres du monde ; elle se glorifie d'avoir possédé Scipion l'africain (493 de Rome) (1), et Charles-Quint quand il fut faire la conquête de Tunis (en 1517).

Rien de plus amusant que d'aller dans les marchés de Cagliary, par la diversité des costumes qu'on y trouve. On y voit des hommes qui ressemblent à des ours, des paysannes à jupons rouges galonnés ; chez les hommes du peuple, des vêtements à l'espagnole et des Arabes depuis que les deux nations sont en paix.

Nous oublions de dire que naguère les sardes qui étaient dons y venaient avec l'épée au côté. Il y avait des dons dans toutes les classes et tenant tous au titre et à un signe représentatif.

Le cordonnier de la maison était don et par conséquent portait épée ; mais il était venu un jour apporter une paire de souliers à notre mère, incognito. Notre père qui le vit entrer, lui dit : Buon giorno Francisco (car il comprenait l'Italien). L'homme ne répondit pas. Notre mère dit à notre père « tu vois bien que tu l'as offensé en ne lui » donnant pas son titre. » Alors notre père lui dit en langue sarde : Don Francisco comént istar ? Francisco

---

(1) Les historiens rapportent que ce fut la première expédition que commanda ce célèbre général romain.

fit de suite une grande révérence pour montrer qu'il était satisfait.

Les Espagnols furent les premiers à établir un Vice-Roi en Sardaigne, devant résider à Cagliary. A cet effet, un beau palais fut bâti attenant à l'Archevêché. Dans ce palais royal existe une grande salle, qu'on nomme la salle d'audience. Dès le premier Vice-Roi, il fut décidé que chacun en partant laisserait son portrait peint par un maître sarde. Comme tous les trois ans il était remplacé, la salle se trouvait remplie de ces portraits et l'on y retrouve les costumes depuis 5 ou 6 siècles, car les Vice-Rois du Piémont ont voulu aussi y placer leur effigie. Cette salle est l'une des curiosités de Cagliary.

Auprès du Vice-Roi il y a toujours un secrétaire d'état, qui souvent demeurait longtemps en charge et menait toutes les affaires. Le Vice-Roi n'était que pour la comparse. Puis, il y avait le Régent et une Chambre du Conseil. Les Tribunaux étaient assez bien composés; mais le secrétaire d'état embrouillait tout en voulant se mêler de tout, parlant au nom du Vice-Roi qui avait par sa charge la haute main sur tout et sans porter certaines affaires au Roi, lesquelles devaient aller à lui, comme Souverain, c'est ce qui avait mécontenté les Sardes et surtout quand on rejetait leurs privilèges dans la sanction pourtant donnée au Code Arborea, par la maison de Savoie.

Nous pensons qu'actuellement l'administration de la Sardaigne sera mieux établie et que les Sardes n'auront plus à se plaindre. Ce qui doit pourtant les blesser, c'est l'augmentation des impôts et la conscription. Qu'on leur donne des avantages d'un autre côté et tout sera compensé.

Cagliary peut devenir un port de très grand commerce , dès que le pays sera mieux organisé.

Dès 1805 , il s'y est formé une Société d'agriculture. Il y a des hommes instruits à Cagliary, qui certainement s'occupent de cette partie pour lui donner de l'essor ; mais il faut qu'ils soient aidés du Gouvernement, sans quoi rien ne peut aller malgré les meilleures intentions de ceux qui veulent faire le bien de leur pays.

Il y a un lazaret à Cagliary. Dans le temps que les pays musulmans étaient considérés en contumace , tous les bâtiments en provenant, grands ou petits , étaient mis en quarantaine. Tout bâtiment qui arrivait dans l'Ile venant de Turquie ou de Barbarie et voulant y séjourner, devait se rendre à Cagliary pour y faire la quarantaine. Il s'agissait d'un grand abord pour ce port , car tous les bateaux corailleurs corses et sardes venaient s'y purifier. Les Sardes prenaient en Corse le pavillon français , ce qui était convenu entre les deux gouvernements. Une fois nous avons compté plus de cent barques , ayant chacune dix hommes d'équipage et des armes à bord pour résister aux pirates.

On donne 35,000 âmes à la ville de Cagliary y compris ses faubourgs. Elle tire ses subsistances de l'Intérieur. Dans la baie on pêche considérablement du poisson. En été la glace lui vient des montagnes de la Gallura.

Parlons des fêtes religieuses locales et auxquelles les Cagliaritains tiennent beaucoup.

1° En janvier de chaque année le jour de la fête de St-Antoine, dans l'Eglise dédiée à ce Saint , située dans la rue de ce nom et qui traverse toute la marine de la porte de Villa-nova jusqu'à la porte de Stampache ; après le service divin le curé vient se placer sur le seuil du portique et l'on voit arriver une foule de quadrupèdes avec leurs conducteurs ornés de fleurs. Le curé asperge hommes et bêtes qui ne font que passer, pour laisser la place libre aux autres arrivants et cette cérémonie dure plusieurs heures. Les porcs ne sont pas oubliés car ils ont la gloire du festin. Le peuple remplit la rue et les dames occupent toutes les fenêtres.

2° Saint-Ephis est le patron de Cagliary ; mais comme ses exploits contre les Sarrasins eurent lieu à Pula, c'est là où l'on a bâti une grande et belle église et où se trouve le tombeau du saint. On lui a bâti aussi une église à Stampache. Le 1er mai c'est le jour de sa fête. Le 30 avril toutes les autorités de la ville allaient recevoir la statue en pied du Saint représenté en habit guerrier avec l'épée au côté et une palme en main.

On était de retour le 1er mai dans la journée et tout le peuple allait recevoir St-Ephis au pont. Au char étaient attelés deux buffles ; mais le peuple les détellait pour trainer le char jusqu'à l'Eglise où il demeurait huit jours. Puis avec le même cérémonial le Saint était reconduit à Pula. Nous sommes persuadé qu'on n'a rien changé à cette pratique religieuse.

La grande fabrication de la ville de Cagliary consiste en pâtes fines, qui sont aussi délicates que celles de Naples. On en fait considérablement des envois en boîtes dans le Nord de l'Italie, en France et en Espagne. Les bâtiments danois, norwegiens et suédois qui viennent charger du sel à Cagliary, en emportent des centaines de boîtes. Il en passe aussi en Angleterre et même en Amérique.

Auprès de l'Eglise de St-Antoine est l'hôpital civil qui est bien entretenu. Les médecins sardes vont faire leurs études en Italie et reviennent fort instruits dans leur patrie. Nous en avons connu ayant été aussi se perfectionner dans nos Ecoles de Paris et de Montpellier.

L'autonomie de la Sardaigne n'existait réellement plus que dans son drapeau qui flottait, alternativement avec le drapeau de Savoie, au château de Cagliary. Cet étendard est fond blanc avec une grande croix rouge et dans chaque carré une tête de maure avec des pendants d'oreille. Les Sardes prétendent que dans une bataille contre les Sarrasins, ils trouvèrent quatre Maures richement vêtus et que pour conserver la mémoire de cette victoire, ils firent peindre quatre têtes de maures dans leurs drapeaux.

Dans le drapeau corse il n'y en a qu'une. Il paraît que les Corses n'ont tué qu'un chef des Sarrasins dans les combats qu'il ont dû livrer de leur côté pour délivrer leur Ile du joug mahométan.

Nous ignorons si l'on continue à frapper de la monnaie sarde, puisqu'on a décrété l'unité des monnaies dans tout le royaume d'Italie ; d'ailleurs la monnaie sarde n'avait cours qu'en Sardaigne et c'était plutôt une gloriole qu'une nécessité pour l'Ile.

On voit autour de Cagliary des grottes qui ont servi de catacombes. Nous n'avons point aperçu de tombeaux antiques. On nous a dit que dans des églises il y avait des voies souterraines. Mais nous les considèrons comme des cavaux par l'usage des chrétiens d'Occident d'enterrer leurs morts dans ces cavaux. Nous pensons qu'on aura établi en Sardaigne des cimetières pour désinfecter les temples, d'ailleurs, les tombeaux sont plus convenables aux familles pour aller y déposer des marques de leurs tendres souvenirs.

Cagliary, comme toutes les villes, a sa grande rue, celle de Cagliary à la Marine se nomme la rue de Barcelonne, nom donné par les Espagnols. Cette rue va aboutir à la douane et à la porte de la Marine, de sorte qu'elle est recherchée par les commerçans. Les Génois ayant besoin de blé pour leur duché et pour en fournir au Piémont, vinrent en nombre s'établir à Cagliary et, pour être à proximité de leurs affaires, ils s'établirent dans cette rue et finirent par acquérir la propriété de plusieurs maisons. Les plaisants sardes disent ce n'est plus la rue de Barcelonne, mais la rue de Gênes.

On reconnaît qu'on est devant la baie de Cagliary aux caps qui s'avancent aux deux extrémités de ce mouillage. Celui du côté Nord se nomme le cap Cabonara et celui du côté Sud le cap Pula.

Dès qu'on a doublé le premier cap, l'on voit la petite ville de Quarto qui possède un petit port, qui ne peut recevoir que de petits navires.

A Pula il y a un bourg qui renferme l'Eglise de St-Ephis. C'est un lieu de pélérinage pour les Sardes, car ce Saint est en grande vénération dans toute l'Ile. Les environs sont bien cultivés et on y pêche beaucoup de poissons qui passent dans les marchés de Cagliary. Mais ce qu'il y a d'étonnant, c'est que la pêche de la baie soit dévolue aux Siciliens qui jouissent depuis longtemps de ce privilège par la nonchalance des marins sardes.

— Autre anecdote sur Cagliary, qui, nous croyons fera rire encore le lecteur :

Un capitaine français, ayant vu dans les marchés de la ville, que le gibier était à meilleur compte que la viande de boucherie, jugea qu'il était plus économique de nourrir son équipage avec du gibier et crut même lui faire plaisir.

Ce mode plut les premiers jours à ces marins, mais ils finirent par en être dégoûtés.

Un jour notre père vit paraître tout l'équipage de ce bâtiment. Le nocher prit la parole et dit : « Le capitaine « ne nous donne à manger que des cailles (c'était à l'é- « poque du passage de ces oiseaux) et nous préférerions « de la viande de boucherie. » Notre père parut surpris d'une telle plainte et répondit : « Vous devriez plus tôt « être satisfaits d'une nourriture délicate, car nous som- « mes bien persuadé qu'à bord des bâtiments de [l'Etat « on ne sert pas des cailles aux tables des équipages. »

Le capitaine s'était rendu sur son bâtiment et n'y trouvant que le mousse, questionna ce garçon sur l'absence de l'équipage. Il apprit de lui que l'équipage avait été se plaindre au Consul au sujet de la nourriture. Le capitaine se fit mettre aussitôt à terre et se rendit au consulat.

Le magistrat lui dit de contenter son équipage en lui faisant servir de nouveau à ses repas de la viande de boucherie, puisqu'il la préférait au gibier.

Le Consul raconta au Vice-Roi ce fait qui égaya S. E.

Si nous rapportons l'anecdote c'est pour prouver que les cailles abondent à Cagliary comme les autres gibiers pour en faire la terre promise !

Nous rapporterons dans les usages du pays des Sardes qu'ils se font un plaisir d'offrir des raffraichissements aux personnes qui vont les visiter, ils sont très portés à accueilir les étrangers et ils affectent de ne vous servir à table que des vins du cru, vous faisant remarquer surtout celui de Nasco. C'est un vin de couleur ambrée, généreux et suave tout à la fois, 'ce qui lui donne un mérite réel.

Non loin de Cagliary est le village de Narbolie. On y voit une vieille église dont la voûte est en pierre ponce, commune aux environs, ce qui prouve qu'il y a eu des volcans, même dans le terroir de Cagliary.

A 6 lieues à l'Ouest se trouve la ville d'Iglésias. C'est dans son port que les Aragonais débarquèrent, quand ils vinrent prendre possession de la Sardaigne. Le Roi d'Aragon ayant su que les habitants avaient fait un bon accueil à ses troupes accorda à la cité le droit d'avoir un hôtel des monnaies. La ville est peu considérable car il n'y a que 2,000 âmes, mais le district l'est. Dans la ville réside un Évêque ; par mer elle fait un commerce assez étendu en prodruits agricoles et en minerai ; le pays est riche en mines d'argent (1).

Au Sud est le grand golfe de Palma, ouvert au Sud-Est. Ce golfe est formé par la Grande-terre et par l'Ile de St-Antioche. Au fond du golfe une langue de terre vient de la Grande-terre presque aboutir à l'Ile. Pour faciliter les communications avec la Grande terre, on a établi un pont.

Quand les Français occupèrent l'île de St-Antioche, en 1792, on vit se renouveler la scène des Horaces et des Curiaces sur l'un des ponts voisins de Rome. Des Sardes hardis se présentèrent et furent traités comme les Curiaces pour nous laisser les maîtres de la tête du pont.

(1) Suivant Bergamensus, auteur ancien, la cité portait le nom de *ville des Grecs* et ceux-ci l'avaient fortifiée pour protéger les minières.

Le nom de Palma donné au golfe et au village, provient des nombreux palmiers qu'il y a sur la Grande-terre, plantés avant ou après l'arrivée des Sarrasins. On s'y croit sur le sol africain. Ces palmiers se retrouvent dans plusieurs parties de la Sardaigne méridionale, et cette production frappe l'étranger. Demandez à un Sarde s'il est Italien : il vous répondra qu'il est Sarde.

C'est une contrée par la nature de son sol aussi cotonnière et M. Anglés l'avait bien reconnu avant de faire ses essais, en plantant des graines de coton, soit dans l'île de St-Antioche, soit sur la Grande-terre, le climat se trouvant le même et le terrain très convenable. Quand nous fumes en dernier lieu dans ce golfe, nous avions acquis dans nos voyages en Turquie des connaissances sur les diverses espèces de coton et nous reconnumes que M. Anglés avait su employer les graines les plus utiles ; il en éprouva les avantages les plus convenables pour l'emploi et la continuation de cette importante culture.

En remontant dans l'Ouest on trouve des petits ports, mais qui ne peuvent recevoir que des bâtiments d'une faible portée et des barques.

Mais le golfe d'Oristan se présente propre à accueillir les navires de toutes les grandeurs. C'est surtout dans ce golfe que vont relâcher tous les bâtiments qui ne peuvent tenir la mer par un gros temps.

Oristan est bâti sur les bords de la rivière de ce nom. Les environs de cette ville, sont enchanteurs par la multiplicité d'arbres fruitiers. L'oranger et le citronnier y remplissent une grande partie des champs. L'exportation en oranges est considérable pour Cagliary et pour Marseille, où elles sont introduites sous le nom d'oranges de

Mayorque. Les autres articles de commerce sont nombreux. La ville renferme 15,000 âmes. Il y a un Archevêque. La cathédrale est un bel édifice ; on y voit de
grands hôtels et de belles maisons. Devant son golfe on
pêche du thon et même du corail (1).

Oristan se trouve à 15 lieues de Cagliary. Les deux
villes ont toujours de grands rapports ensemble. C'est
le chef-lieu du district de Besachi qui est très productif
en céréales, huile, vin, etc. On fait dans son port beaucoup de chargements de ces articles et de sel.

Il y avait un canal qui de la rivière d'Oristan allait
aboutir à la rivière de Cagliary et alors les communications entre les deux villes étaient plus faciles. Ce canal
est comblé et le commerce en souffre.

Puisque la Chambre des Députés de Turin a pris intérêt à la Sardaigne, on devrait déblayer ce canal. Si le
Gouvernement ne veut pas se charger de ces frais il
pourrait le concéder à une compagnie, qui prendrait le
remboursement de la dépense qu'elle ferait par un péage
pour quelques années. Nous pensons que les négociants
de Cagliary et d'Oristan se chargeraient volontiers de
cette entreprise pour l'avantage des deux villes.

Oristan par sa position est devenu comme un entrepôt
du centre de l'Ile. Aussi on y voit beaucoup d'activité.
L'intérieur va s'y pourvoir et y apporte de ses produits,

---

(1) Lorsque les vents d'Ouest soufflent avec violence, les va-
gues qui viennent se briser contre le rivage apportent des
éponges et des coquillages de toutes les dimensions et couleurs,
dont on fait des collections très curieuses. Beaucoup de ces coquillages proviennent de l'Océan, car de semblables se trouvent sur les côtes d'Espagne au Midi.

C'est ce qui augmente considérablement le commerce de cette ville par mer et en fait la seconde place commerciale maritime de la Sardaigne.

A Oristan, les Espagnols avaient établi un haras de chevaux sardes. Nous avons fait connaître les deux races qu existent dans l'Ile, estimées aussi au dehors. Nous venons de voir dans les journaux que les chevaux sardes concourent aussi aux courses, par la raison qu'ils sont agiles et pleins de feu. Cela tient aux races du Midi. D'ailleurs, les Carthaginois et les Sarrasins peuvent très bien avoir mêlé le sang des chevaux sardes avec celui des juments arabes. Les Arabes disent que leurs chevaux ne courent pas, mais qu'ils volent comme les oiseaux. Dans la langue arabe l'expression a encore plus de force, car elle exprime qu'ils s'envolent. C'est d'après une étude que nous avons faite dans l'Arabie, des qualités des chevaux arabes, que nous a vons pu comparer et admirer la vivacité des chevaux sardes; mais nous avons regretté de les voir un peu petits.

A 10 lieues au Nord d'Oristan est la ville de Bosa, bâtie par les Carthaginois. Elle est située auprès d'une rivière qui vient se jeter dans son port. Ses environs sont agréables et le territoire est fertile. Son port est fréquenté et sûr. C'est de cette contrée que viennent les pommes les plus estimées de la Sardaigne, dites Mela d'Invirno. A quelques lieues de là est Alghier, ville de quelque importance pour les produits de l'Intérieur, qui y arrivent; mais les petits navires peuvent seuls entrer dans le port; les autres mouillent dans le golfe.

Porte-Conte qui est plus au Nord, reçoit toute sorte de bâtiments, et c'est un lieu de relâche pour les navires battus par la tempête. Porto-Conte est le port de Sassari, ville qui est un peu dans l'Intérieur, car les anciens ont voulu profiter de la belle nature du lieu pour y élever une ville qui a toujours été florissante. Elle conteste à Cagliary l'ancienneté.

On y compte 30,000 âmes. Elle est située à 40 lieues de Cagliary. Son ancienneté et sa position ont fait donner son nom au Nord de la Sardaigne, qu'on nomme Capo Sassari. C'était la résidence d'un Gouverneur et aujourd'hui elle est celle d'un Préfet. Il y a un Archevêque, une belle Cathédrale, une Université, une Bibliothèque, un Hôpital. Comme place de guerre ce n'est rien. C'est plutôt une place de commerce, et la sortie consiste surtout en huile, car c'est dans le nord que les oliviers y produisent davantage. Les Ducs d'Asinara y ont établi leur résidence et occupent un beau palais. On y fabrique du tabac rapé et en poudre et d'autres articles. Sur la côte sont des salines.

Puis vient Porto-Torre. C'est encore un lieu de commerce et en rapport avec Sassari, dont le territoire va aboutir dans l'Est et le Nord à celui de Tempio qui n'est qu'une sous-préfecture, quoique dénommée, dans une carte, préfecture; mais c'est peut-être une erreur, si je me trompe. Au reste, Tempio fut toujours le chef-lieu d'un grand arrondissement qu'on nomme la Gallura et le lieu le plus productif de l'Ile, quoique les montagnes en couvrent une partie. Ce sont ses montagnes qui présentent une chasse extraordinaire, pour une ile méridionale dans le martre qui n'habite que les pays du nord de l'Europe. Les habitants de la ville ont des rapports avec ceux des côtes pour se trouver sociables; mais ceux de la campagne ont pris le caractère des montagnards de l'intérieur et plus l'on va dans le Nord, plus l'homme se trouve abruti.

Nous avons à citer encore sur la côte de l'Ouest, Castel-Sardo et Longo-Sardo, et l'on arrive au détroit de Bonifacio.

Tout le Nord de la côte sarde n'a que des calangues pour ports, à l'exception du port d'Olbia qui peut recevoir de petits navires. C'est dans ces parages là qu'abordent les bateaux corses venant prendre des provisions pour leur île.

Les barques génoises y viennent aussi.

Ces deux nations s'entendent pour faire la contrebande quand elles le peuvent (1).

Une personne me disait avoir lu dans une histoire où il était question de la Sardaigne, que quand elle fut cédée au Piémont, en 1720, le ministère anglais écrivit au Gouvernement de Turin d'être sur ses gardes dans le Nord de l'Ile, car la France pourrait bien y venir par la Corse pour s'emparer de toute la Sardaigne par le besoin qu'avait la Corse de s'approvisionner en Sardaigne. Mais ce conseil, s'il est vrai qu'il ait été donné à Turin, n'a pas tiré les Piémontais des murs de Cagliary. Pour diriger l'intérieur on ménageait la noblesse et les chefs de parti et si le Sarde était aussi courageux que le Corse, la puissance piémontaise n'eut pu se maintenir en Sardaigne.

(1) Cet objet de la contrebande a souvent occasionné des démêlés entre le consulat de France à Cagliary et le gouverneur général de la Sardaigne, car on arrêtait des Corses innocents et on voulait les punir comme des coupables.

Dans la partie de l'Est il n'existe que trois petites villes dont voici les noms : Siniscola , Orozci et Tortoli. Les ports de ce côté ne peuvent être abordés que des bateaux. Le bois et le charbon forment la principale branche de commerce de l'Est. Il a été question d'y établir un port pour les gros navires : mais on ne s'en occupera pas certainement avant d'avoir remédié aux autres besoins de l'Ile. Les navires venant du Sud, quand le N.-E. est violent, vont se réfugier dans la baie de Cagliary comme le mouillage le plus voisin et le plus sûr.

Nous avons déjà parlé de l'état de l'intérieur relativement à ses produits, de l'intempérie et du caractère de ses habitants. Il n'y existe aucune ville si ce n'est près de Cagliary celle de Siliqua , qui me paraît être l'ancienne Sulcis. Dans tout l'intérieur il n'y a que des villages, des hameaux et des châteaux appartenans aux seigneurs Sardes.

Il nous reste à parler des Iles qui entourent la Sardaigne.

La plus considérab'e est celle Asinara , qui est dans le Nord-Ouest de la Grande-terre. Elle a 20 lieues de circuit , ses produits suffisent à l'entretien de ses habitants; mais ce qui leur profite considérablement c'est la pêche du thon. L'Ile est la propriété des ducs d'Asinara , qui, comme nous l'avons déjà dit, résident à Sassari, ils ne vont que dans la belle saison visiter leur duché.

Au Nord dans l'Est sont les iles de la Madeleine. Autrefois le Roi de Sardaigne y entretenait deux demi-galères pour courir sus sur les corsaires barbaresques ; c'était aussi là qu'abordait la poste d'Italie et prenait en retour les valises de la Grande-terre. Actuellement les iles de la Madeleine ne figurent que par la retraite, sur l'une d'elles dite Caprera, de Garibaldi qui s'est fait un nom en Italie. Présentement pour la poste on se sert de bateaux à vapeur qui se rendent directement à Cagliary. La correspondance peut aussi avoir lieu par le câble sous-marin.

Tout à fait au Sud de la Grande-terre, à l'Ouest sont les îles de St-Pierre et de St-Antoine. Entre ces deux îles est la petite île Piana. La nature l'a placée entre les deux autres pour former le golfe de St-Pierre qui reste ouvert au Sud. Aussi ce golfe se trouve abrité des vents d'Ouest.

Il existe encore des Princes de St-Pierre; mais les Rois de Sardaigne ont l'autorité sur l'île. Le chef-lieu de l'Île est Charles-Fort. Cette petite ville est protégée par une citadelle et à l'extrémité du côté de l'entrée par une grosse tour. Sur la place de la Marine est la statue pédestre de Charles-Emmanuel.

L'île de St-Antioche, dans sa longueur au revers, forme le golfe de Palma avec la Grande-terre. Dans cette île il n'y a que des villages. Cette île est plus considérable que celle de St-Pierre.

En 1792, les Français les occupèrent toutes les deux sans coup férir et se rembarquèrent après que l'escadre fut bombarder Cagliary.

En 1736, les habitants de l'île de Tabarque vinrent se refugier à Charles-Fort et s'y établirent avec l'approbation du Roi de Sardaigne; mais les Tunisiens avaient conservé de la haine contre les Tabarquins et vinrent de nuit, à la fin du siècle, enlever toute la population de cette ville, de sorte que la population actelle de Charles-Fort est nouvelle.

Pour les autres petites iles qui sont autour de la Sardaigne qui a 150 lieues de circuit, elles ne sont d'aucune importance ; pourtant on pourrait tirer parti dans l'Est de celle de Tavolara d'une certaine étendue dont la situation rapprochée de la Grande-terre forme une espèce de port. Elle est placée dans la carte-marine entre le cap Figueri et le cap Cavallo. Il n'y a que des chèvres sauvages. En général toutes ces petites Iles ne servent qu'aux pécheurs pour y étendre leurs filets lorsqu'ils veulent les sécher ou les racommoder; mais ce ne serait d'aucun inconvénient, si elles n'étaient pas le réfuge des contrebandiers.

Ceci est encore une plaie de la Sardaigne. On ne peut surveiller tous les points des côtes ; d'ailleurs, les Sardes leur font la main , pour piller avec eux les paisibles habitants.

C'est probablement du temps des Pisans , ou des Espagnols, qu'on éleva 94 tours autour de la Sardaigne. Ces tours devaient faire signal de jour par un drapeau de l'apparition de navires suspects , ou de débarquements , de nuit on devait faire des feux pour les mèmes indications. Ces sémaphores ont pu ètre utiles quelquefois et les Piémontais les avaient conservés ; mais l'on voit que dans les derniers temps , cela n'empêcha pas les Tunisiens d'enlever de nuit la malheureuse population de l'ile de St-Pierre, comme nous l'avons raconté en parlant de cette ile dans cet ouvrage. Ces tours d'aucune défense ne sont plus bonnes que pour ètre des pigeonniers , et même nous en avons déjà vu qu'on laissait tomber en ruines. Le télégraphe est le meilleur moyen d'avoir des avis prompts pour parer à toute surprise. Les Barbaresques ont disparu; mais il reste les contrebandiers.

Chemins de fer de la Sardaigne.

Nous sommes à temps de mentionner, que la respectable maison Semenza et Comp⁰, de Londres, appuyée de forts capitalistes anglais et français, vient d'obtenir la concession des chemins de fer dans l'Ile de Sardaigne.

Cette entreprise grandiose, car il s'agit d'une Ile ayant une superficie considérable, ainsi que nous l'avons rapporté, va faire revivre ce pays si longtemps oublié, ce qui a démoralisé sa population intérieure, mais dont le caractère va changer.

Le Gouvernement de Turin, dans sa sollicitude actuelle pour cette Ile, fera certainement marcher simultanément les travaux pour l'assainissement et il en résultera un double avantage pour la Sardaigne.

Ces dispositions bienfaisantes ne pourront qu'opérer des encouragements pour d'autres exploitations que nous avons signalées, dans l'intérêt du pays et des entrepreneurs, car toute matière que nous avons traitée se présente comme lucrative.

Quand on aura fait valoir la Sardaigne, elle reprendra son apogée comme du temps de l'antiquité et occupera un rang distingué dans l'Europe civilisée.

ERRATA.

Page 23 , ligne 18 , au lieu de par toutes les industries , lisez : *pour toutes.*

Page 24 , ligne 10 , au lieu de minières, lisez : *des* minières.

Page 27 , 1re ligne de la note, au lieu de deux Barbagia , lisez : *trois* Barbagia.

Page 28 , ligne 6 , au lieu de Stumini-Major , lisez : *Flumini-Major.*

Même page , ligne 26 , nous ne disons pas petites , lisez : *nous ne comprenons pas les petites.*

Page 29 , ligne 15 , au lieu de Sadispater, lisez : *Sardispater.*

Page 44 , ligne 8 , au lieu exécrable , lisez : *ferable.*

Même page , ligne 9 , au lieu ou dégagé, lisez : *ait* dégagé.

Page 58 , ligne 12 , au lieu ils trouvèrent quatre maures , lisez : *ils trouvèrent parmis les morts quatre maures.*

Page 64 , ligne 12 , au lieu de juments arabes , lisez : *des races arabes.*

TABLE DES MATIÈRES.

LISTE

OUVRAGES PUBLIÉS PAR L'AUTEUR.

1. **LES PHILISTINS**, Colonie grecque de la Palestine, 1 vol. in-8°, 1856.

2. **CONSIDÉRATIONS** SUR LES **PEUPLES** DE **L'ORIENT**, avec une analyse sur l'état actuel de la Turquie, et, en appendice, l'Isthme de Suez, Chemin de Fer de la Méditerranée au Golfe Persique, Basars Français à établir en Levant, 1 vol. in-8°, 1857.

3. **LE GUIDE DE LA MACÉDOINE**, (Turquie d'Europe). 1 vol. in-8°, 1857.

4. **CULTURE DES TABACS EN ORIENT**, avec des reflexions sur l'usage du Tabac et du Tumbac dans cette contrée, et des contes Arabes sur la pipe, 1 vol. in-8°, 1858.

Le ministère de l'Algérie voulut bien envoyer des extraits de cet ouvrage en Algérie, pour qu'on suivit les modes indiqués par l'auteur, pour la culture des Tabacs, afin d'améliorer les espèces et les rendre plus productives.

L'auteur a fourni beaucoup d'articles sur ses voyages au Levant, à la Société de Géographie, à celle Asiatique, au Congrès Scientifique de France, 14e section, à la France Littéraire et à la Revue orientale.

Marseille. — Imp. Roux, rue Montgrand

9 782019 575533